现役运动员心理指导手册

国家体育总局人力资源开发中心 编

人 民 体 育 出 版 社

图书在版编目（CIP）数据

现役运动员心理指导手册 / 国家体育总局人力资源开发中心编 . -- 北京 : 人民体育出版社 , 2020（2022.1 重印）
ISBN 978-7-5009-5721-8

Ⅰ . ①现… Ⅱ . ①国… Ⅲ . ①运动员—体育心理学—手册 Ⅳ . ① G804.87-62

中国版本图书馆 CIP 数据核字 (2019) 第 280004 号

人 民 体 育 出 版 社 出 版 发 行
北 京 中 科 印 刷 有 限 公 司 印 刷
新　华　书　店　经　销
*
880 × 1230　32 开本　7.25 印张　180 千字
2020 年 2 月第 1 版　2022 年 1 月第 5 次印刷
印数：7,301—9,300 册
*
ISBN 978-7-5009-5721-8
定价：40.00 元

社址：北京市东城区体育馆路 8 号（天坛公园东门）
电话：67151482（发行部）　　邮编：100061
传真：67151483　　邮购：67118491
网址：www.sportspublish.cn
（购买本社图书，如遇有缺损页可与邮购部联系）

前言

在当今竞技赛场上，运动队、运动员之间的竞争已是越发激烈。面对实力相当的对手和关键的比赛，运动员的心理素质、心理调节和自我控制水平往往对最终结果起着决定性作用，成为与体能、技术、战术同等重要的比赛制胜要素。如何在赛前进行有效的心理准备，以保证比赛中技术、战术、体能的充分发挥？如何在赛中进行及时的心理调节，达到最佳竞技状态，取得优异成绩？如何在赛后进行心理调整，正确看待胜负成败、得失荣辱，快速缓解心理疲劳，积极投入新的训练和比赛？如何帮助运动员与教练员、运动员与队友之间建立有效的沟通机制，提高团队凝聚力？这些问题已经成为管理人员、教练员、运动员十分关心且亟待解决的问题。

在我国，运动员数量较多，而运动心理学专业人员相对匮乏。受各方面条件的限制，运动员能够得到专业心理指导的机会非常欠缺。即便是在国家队层面，也只有部分集训队能够配备专业心理人员参与科技服务，进行较为系统的心理教育、心理咨询、心理训练和临场心理辅导。而多数国家队仅限于在赛前组织不系统的心理讲座，缺乏对运动员的专业心理指导和系统心理训练。省级及以下运动队的运动员心理服务更是稀缺，既缺乏专业心理指导人员，更缺乏专业心理指导手册。

为了解决这一现实问题，经国家体育总局人事司批准，国家体育总局人力资源开发中心于2018年设立了运动员职业辅导基础研究项目——“现役运动员心理指导方案设计及试点”，由我作为第一负责人，张力为、张忠秋、王英春、高志青、毕晓婷、金潇作为核心成员，承担并完成了该课题，《现役运动员心理指导手册》即该课题的重要研究成果。手册编写的指导思想是在系统总结运动队心理训练和心理咨询经验基础上，以运动员训练和比赛中的常见问题为出发点，依据心理学理论知识，结合训练比赛实际，为运动员提供心理调节自助指南。我们期待，在系统的、专业的心理教育和心理训练相对匮乏、难以满足所有运动队需求的情况下，运动员通过阅读本书，能够了解一些心理调节的基础知识，自觉运用这些知识指导自己进行心理训练，并在比赛中进行有效的心理调节。同时，我们还希望运动队的管理人员、教练员和科研人员通过本书掌握一些心理学的基础知识和心理调节的具体方法，帮助运动员进行心理建设，提高运动队的管理水平和教练员的执教能力。

手册编写组的成员都具备长期在国家队、省级队帮助运动员进行心理训练的经历。我们在帮助中国运动员备战参赛夏奥会（悉尼奥运会、雅典奥运会、北京奥运会、伦敦奥运会、里约奥运会、东京奥运会）和冬奥会（都灵冬奥会、温哥华冬奥会、索契冬奥会、平昌冬奥会）的过程中积累了许多宝贵的经验。根据这些心理训练和心理咨询的实践经验，围绕赛前、赛中、赛后三个比赛环节，我们总结和提炼出了13类运动员常见的心理调节主题，它们分别是动机、自信、情绪控制、逆境应对、压力应对、心理疲劳、注意控制、自我控制、心理准备、比赛定位、适应能力、团队凝聚力以及赛后恢复。每个主题均以问答形式组织撰写，例如：如何增强自信心？比分暂时落后怎么办？如何应对观众的干扰？相信本书提出和回答的54个常见问题，会引发运动员和教练员的阅读兴趣。

考虑到运动员、教练员的阅读习惯，本书从排版设计、栏目设置到行文风格均遵循生动活泼、可读易懂、针对实用的原则。44个“小贴士”介绍了心理学专业知识，如主场效应、自我认知偏差，等等。46个“健心房”和44个“实用包”是针对心理主题的操作性行动方案或训练建议，如模拟训练的注意事项、赛前心理准备的内容，等等。“冠军说”通过35名世界冠军运动员的叙述，介绍了比赛心理调节的技术与方法。“故事会”则讲述了16个富含心理建设意义的古今中外名人小故事。每个心理主题后均有与该主题相关的名人名言。这些排版设计有助于运动员阅读时的自我激励，有助于增强其成就动机和自信心。为了拓展运动员的思维，本书还设置了“艺术·人生”栏目，推荐了8本心理成长书籍和5部电影，如《适应力》《累从何来：别把心理疲劳不当回事》《卡特教练》等。在“互联网+”时代，为了方便运动员观看推荐的在线课程和心理训练视频，手册采用扫描二维码方式，运动员可以通过手机扫描直接在线学习。

《现役运动员心理指导手册》的顺利出版，需要感谢的人非常多。感谢张力为老师、张忠秋老师、迟立忠老师、高志青老师、王英春老师、毕晓婷老师将心理学专业知识和多年运动队心理服务经验融会贯通、总结提炼，奠定了全书的专业基础。感谢梁雪梅、金潇、闫泽钧、孔媛媛对大量栏目资料的收集、整理、汇总、撰写、拍摄。感谢张欣欣、田静、董建宇、胡洋、李娇、倪浩鸣、高倩、顾晶晶、左明慧、殷一平、刘金莉、王丽娅在前期“现役运动员心理指导方案设计及试点”课题中的调研、资料收集整理所做的工作。感谢在手册试点试读过程中给予我们帮助的教练员和运动员朋友们。

张凯

2019年11月16日

CATALOG

目 录

主题一 动机 …… 1
比赛前动机水平很低,求胜欲望不强怎么办? …… 毕晓婷 2
运动员训练动机不足的原因是什么? …… 高志青 5
运动员如何设定合理目标来提高训练和比赛动机? …… 毕晓婷 9
运动员的最高目标是什么? …… 张力为 12

主题二 自信 …… 19
哪些因素会影响运动员的自信心? …… 王英春、高志青 20
如何增强自信心? …… 王英春 25
为什么信心的树立须立足自己? …… 迟立忠、高志青 30
遇到强手不自信怎么办? …… 张力为、高志青 33

主题三 情绪控制 …… 41
赛场紧张有什么积极作用和消极作用? …… 张力为 42
赛前如何快速调动情绪到最佳状态? …… 王英春、高志青 46
上场后发现情绪紧张怎么办? …… 毕晓婷 49
遇到挫折和失败时如何寻求情绪解脱? …… 张力为 52
遇到挫折和失败时如何真正改变困境? …… 张力为 56

主题四 逆境应对 …… 61
比分暂时落后怎么办? …… 王英春 62
比赛出现失误怎么办? …… 王英春、高志青 65
比赛出现意外情况时如何应对? …… 迟立忠 67

比赛开局不利时怎么办？…… 迟立忠 69
怎样合理认识逆境？…… 迟立忠 72

主题五　压力应对 …… 79
赛前为什么会失眠？…… 王英春 80
压力对运动员表现有哪些消极影响？…… 王英春 83
压力的作用总是不利的吗？…… 迟立忠 87

主题六　心理疲劳 …… 93
什么叫心理疲劳？…… 张力为 94

主题七　注意控制 …… 101
比赛中的信息回避为什么重要？…… 张力为 102
比赛中如何应对外部干扰？…… 迟立忠 105
感到裁判判罚不公平，如何应对？…… 毕晓婷、高志青、王英春 107
关键时刻想法太多，怎么办？…… 毕晓婷、高志青 110
如何将注意集中在比赛上？…… 王英春 112

主题八　自我控制 …… 117
大赛中刻意努力为什么有时反而会事与愿违？…… 张力为、高志青 118
如何避免比赛中"大脑空白"？…… 王英春 121
如何应对观众的干扰？…… 王英春 124
什么叫纳达尔效应？…… 张力为 127
为什么说小不忍则乱大谋？…… 张力为 129
习惯为什么重要？…… 张力为 131
训练中为什么要不断重复练习基本动作？…… 张力为 133

主题九　心理准备 …… 137
比赛预案该如何撰写？…… 迟立忠 138
前一天比赛表现不好时，如何进行第二天的准备？…… 毕晓婷 143

前一天比赛表现完美时，如何进行第二天的准备？…… 毕晓婷 145
赛前心理准备常包括哪些内容？…… 迟立忠 148
赛前准备活动做得不顺利怎么办？…… 毕晓婷 151
怎样使模拟训练更有效？…… 迟立忠 154

主题十　比赛定位 …… 159
如何订立好的比赛目标？…… 毕晓婷 160
为什么好成绩是“拼”来的，而非“保”来的？…… 迟立忠 163

主题十一　适应能力 …… 169
如何处理所谓的“坏签运”？…… 毕晓婷 170
如何适应比赛的赛场氛围？…… 迟立忠 173
如何适应陌生的对手？…… 毕晓婷 176
如何适应赛地条件及比赛场馆环境？…… 迟立忠 179

主题十二　团队凝聚力 …… 185
比赛过程中受到同伴的责怪怎么办？…… 毕晓婷 186
不知道如何与教练员和队友沟通怎么办？…… 毕晓婷 188
如何帮助运动员建立良好的社会支持系统？…… 张力为 191
什么是运动中的团队精神？…… 迟立忠 194
怎样成为优秀的团队成员？…… 迟立忠 197
团体赛/集体项目要进行哪些不同于个人赛的准备？…… 毕晓婷 199
集体项目团体凝聚力建设要遵循哪些原则？…… 高志青 201

主题十三　赛后恢复 …… 205
为什么要进行赛后心理恢复？…… 王英春 206

附录一　电影、图书推荐 …… 212
附录二　运动员常用心理量表 …… 214

主题一 动机

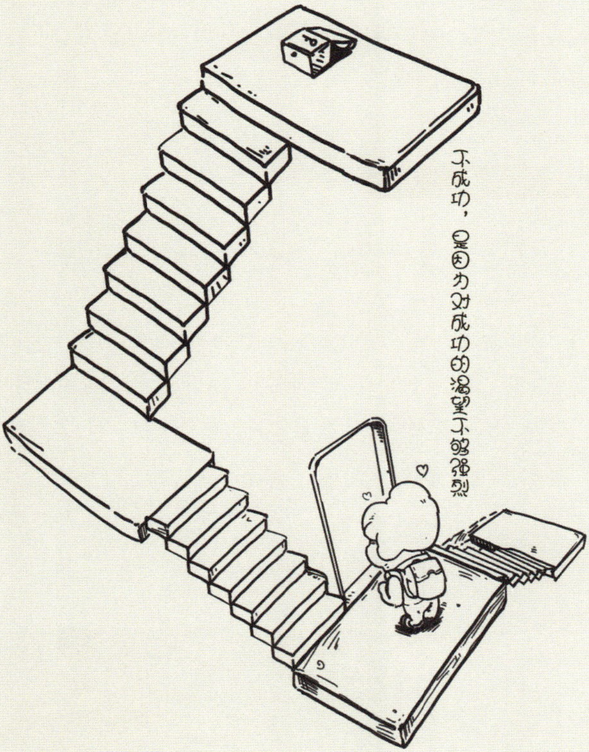

奥运会是梦想，有梦就要去竞争，只有争取了才能不留遗憾地退役。

——皮划艇运动员 孟关良［中国］

比赛前动机水平很低，求胜欲望不强怎么办？

运动员比赛前动机水平低可能由各种原因引起，如：害怕失败而为自己留下退路；对于比赛的意义不清晰；不够相信队友而信心不足；与对手相比实力相差较大等。如果运动员能够通过自我反思及时了解到自身动机水平不强的原因，便可以有针对性地进行调节和刺激。

冠军说

张继科：让“复仇”燃起你的求胜欲望

2016年8月8日，奥运会乒乓球男单卫冕冠军张继科以4比0击败“冤家”陈建安，完成了自己里约奥运会的首秀。同年6月的韩国公开赛上，张继科曾首轮3比4不敌陈建安惨遭失败。再逢对手能取得胜利，张继科表示是强大的求胜欲望支撑自己直面挑战，突破自我。

他说：“这场比赛的求胜欲望要比公开赛更强一些，对手是一样的，我在打奥运会，对手也是一样打奥运会，对场上的每一分大家都会非常投入和珍惜，能够让自己调动起来，让状态更好一些。”可见，运动员在赛场

上只有积极调动自我，保持强烈的求胜欲望，才能更好地把控比赛、更自如地应对挑战。

小贴士

内部动机和外部动机

- 人的动机一般分为两种：内部动机和外部动机。
- 内部动机能够使我们自发地从事某种活动，并为做好它投入极大的热情。
- 外部动机则是由外部刺激引起的，导致我们的行动很容易被外界环境所左右。

健心房

如何进行赛前动机调节？

在原因不明的情况下，我们仍可以使用各种手段对动机水平进行调节，包括：

1.珍惜比赛的机会，运动员训练的目的就是在比赛场上展现自己的风采，一定不要因为自己的原因错过比赛中尽情展现自我的机会；

2.进行积极的表象训练，内容可以是曾经的成功或想象未来的成功，尤其是想象未来的成功可能带给自己的荣誉与利益，在脑中进行强化；

3.独自或在队友和教练的帮助下，回顾本次比赛的目标和最近训练中的点滴进步，阅读比赛预案，将注意力集中到比赛过程中，忽略自己求胜动机不强的状态；

4.在热身或准备活动过程中要求自己出声，主动带动其他人热身或用主动的小动作如原地跳步等，让自己感到蓄势待发；

5.准备一些自己喜欢或能让自己兴奋的格言、音乐或短片，存储在手机或随身携带的其他设备上，需要提高动机水平的时候拿出来阅读或者观看。

实用包

任务定向法[1]

任务定向法强调同自己的过去进行比较，而不是与他人进行比较，注重个人的努力程度。我们不妨这样做试试：

首先，设置不同训练阶段的目标；

之后，多和自己之前的水平进行比较评价、少和队友或他人进行对比；

最后，当你的目标达成时，请强调这是个人努力的结果，而非个人能力的问题。

> 总是有人要赢的，
> 那为什么不能是我呢？
>
> ——篮球运动员
> 科比·布莱恩特［美国］

运动员训练动机不足的原因是什么?

训练动机不足通常有以下几个原因：长时间封闭训练，生活单调；训练未能取得期望效果；“教训”关系紧张，教练员批评多、肯定少，训练满意度低；训练负荷变化带来的身心不适应；由训练负荷引起身心疲劳积累未能及时缓解和消除；训练过程中缺乏对训练效果的阶段性评估和与之适当对应的奖惩措施，反馈不恰当、不及时等。

冠军说

郭晶晶：保持训练动机的秘诀——坚持

“跳水皇后”郭晶晶从事跳水运动20年，2008年北京奥运会，她成功在双人3米板和个人3米板项目上为中国代表团拿下两枚金牌，以4金2银的奥运会成绩超越伏明霞，成为当时中国女子跳水“第一人”。赛后当记者问到她成功的秘诀时，郭晶晶用“坚持”两个字来概括，每天面对同一个动作要练上百次，只有坚持才不会让她觉得厌烦。“在不停重复做同一件事的时候，也会有一个过程，慢慢会往下走，会有起伏的，有时候就很难过，怎么

会变成这样，但是那时候就要告诉自己，没关系，坚持顶过去就会好了。”

故事会

神奇的动机

很久之前，一条巷子里有一群孩子总爱在午间嬉闹，吵得人无法安心入睡。大家对此很苦恼，只有一位老人和蔼地告诉这群孩子，是他们让这条小巷变得十分热闹，并交给每人25美分作为报答。孩子们很开心，第二天仍然按时来到这里尽情地玩耍，这次老人以收入减少为由，给了每个孩子15美分作为报答。孩子们欣然接受，第三天仍然按时来到这里，卖力地玩耍起来，只是这次老人仅给了每人5美分，他们勃然大怒，觉得自己辛苦玩耍没有得到足够的回报，并发誓以后再也不会为老人玩耍了，小巷终于回归宁静！

故事中孩子们的玩耍动机由“让自己快乐”的内部动机逐渐演变成“为得到奖励”的外部动机，一旦这个外界刺激消失，他们的欢乐也将不复存在。运动训练同样如此，如果我们能发自内心地认识到训练的重要性，全身心投入，将会产生事半功倍的效果。

健心房

如何激发你的动机水平？

1.了解自身运动能力，每天为自己定一个能够完成的小目标；

2.开动脑筋训练，选择适合自己的训练方法；

3.培养一些兴趣爱好，失落时也能从中获取成就感；

4.正确归因，失败时告诉自己：你只是努力不够而不是能力不行；

5.学会观察，向更优秀的队员学习；

6.定期对自己进行评价，及时发现自身的优点和不足。

实用包

短期目标法[1]

短期目标的设置应是我们近期需要且有能力完成的，它能够有效激励我们采取实际行动，提高训练或比赛动机，促使自己从现在做起、脚踏实地地做出达到最终目标的实际行动。短期目标的表述必须清晰、明确；于本人而言有且能够达成；目标切合实际且有完成时间。我们可以按照以下步骤设置自己的短期目标：

1.在训练日记中，抄写教练员规定的每日训练安排和每周训练计划；

2.在计划和安排之后标注出自己要解决的问题和可以采取的具体措施(这些措施应不同于全队的整体安排)；

3.当天训练结束后，应在训练安排的右边注明完成情况；

4.每周训练结束之后，在训练日记的每周计划后写下几行对本周训练状态和训练任务完成情况的总结，并写下下周训练中应注意的问题。

一般说来，短期目标对人的行动最容易产生立竿见影的推动作用，但必须有长期目标的引导，行动才能更加自觉、坚持不懈。

小贴士

运动员的动机需要

运动参与需要

运动员在平时训练中要准确把握自己的能力水平，确立可实现的训练目标，选择难度适宜的练习强度和方法，才能不断激发自己的运动热情。

归属需要

当我们感知到自己被集体需要时，便能激发出自身潜能。因此，运动员要树立自己为集体、为国家荣誉而战的远大志向。

自我展示需要

在平时的训练和比赛中，运动员要学会积极展示自我，告诉自己：我能行。一次成功的尝试能够激发运动员不断向前的动力。

只有把抱怨环境的情绪化为上进的力量，才是成功的保证。

——思想家 罗曼·罗兰［法国］

运动员如何设定合理目标来提高训练和比赛动机?

训练和比赛动机的保持是高质量完成训练计划和取得训练效果的重要影响因素,合理设定目标对于保持、激发训练动机有着十分重要的意义。

冠军说

熊国宝:每天就多一小时

我国羽毛球运动员熊国宝正式进入省级训练队时已经十六七岁了,没有年龄优势的他,为了追求自己的羽球梦想,付出了超于常人的刻苦与努力,最终击败羽坛“天皇”林水镜,拿下二十多次国际大赛的冠军,成为名副其实的羽球“国宝”。谈起自己的羽球之路,56岁的熊国宝说:“当时大家都说我是大器晚成,所以我也知道我的条件差、年龄大,但我必须要去追赶,去弥补不足。那时我就跟自己立下了一个规定,就是在踏踏实实、认认真真完成教练的训练计划的前提下,必须保证每天多练一个小时。”就是这样为自己定下一个可实现的小目标并每天坚持完成,熊国宝的羽球梦想才最终实现!

健心房

如何设置合理目标?

从时间阶段来看,目标可以划分为长期目标和短期目标。

对运动员而言，长期目标如“获得奥运会冠军”，可以使他们产生动力，但是如果不划分为容易实现的一系列分解目标，则动力难以持久。合理的目标应该包括长远规划，但更需包括时间阶段划分清楚的短期目标及强化措施，如：长远规划为2013年辽宁全运会；年度计划为参加3站比赛，全部进入决赛并获得至少两枚奖牌；本月目标为控制体重在某个水平，以确保顺利参赛；本周目标为在有氧跑步训练中达到目标，奖励是周末可以去看电影。

从内容来看，目标可以划分为针对结果的目标与针对过程的目标。针对运动员个人的训练和比赛过程的目标更容易客观评价，进行量化，因此如果与结果目标相结合，将更有助于运动员察觉到自身的进步，可以建议运动员在训练日记中记录下自己在各个领域的点滴进步，这样不仅有助于提高训练和比赛动机，也有助于提高运动员的自信心。

如果你害怕失败，那意味着你已经输了。

——篮球运动员 科比·布莱恩特［美国］

实用包

长期目标法[1]

除了为自己设定短期目标，我们还应该通过设置长期目标，为自己制定的短期目标提供引导，并促使自己按照既定方向不懈努力。具体可以采用以下方法：

1.根据奥运会或全运会比赛周期，写出自己对未来4年的职业规划；

2.在每年元旦时，写出自己新的一年的整体计划，内容包括3个方面：需要解决的问题、能够采取的措施和应该达到的标准；

3.为自己准备一个方便携带的日记本，在日记中经常回顾或明确自己的理想和希望，并不断调整自己的未来目标和方向。

小贴士

有效目标的设置原则

- 把目标定得适当些，每天能够看得到自己的进步。
- 把目标写得清楚些，规划出每项任务具体的完成时间。
- 把目标做得详细些，好让自己随时检查目标的完成情况。
- 把目标稍稍降低些，中等难度的目标更有利于激发斗志。
- 把目标规划得长远些，但也要靠短期目标来支持。
- 把目标与训练贴近些，但也要用比赛目标激励自己。
- 把目标做得个性化些，但也不要忘记集体的奋斗目标。

运动员的最高目标是什么？

运动员的最高目标是什么？最直接的回答或许是：奥运冠军！但拿了奥运冠军之后呢？退役之后呢？所以，许多运动员领悟到，最高目标或许是“自我超越”，是“没有最好只有更好”。这种目标，用另一个词来概括，就是“止于至善”！

中华民族有五千年文明史，先辈给我们留下了丰厚的文化遗产。《礼记·大学》中有“大学之道，在明明德，在亲民，在止于至善”的至理名言。中国许多大学都用“止于至善”作为校训。它告诉我们：人不可满足于现状，要不断追求，使自己至善至美。止于至善，是一种以卓越为核心要义的至高境界的追求。止于至善，上升到人性的层面来说就是大真、大爱、大诚、大智的体现。至善难以达到，所以永远追求。

冠军说

徐莉佳：奉献一切，不留遗憾

2016年里约奥运会女子帆船激光雷迪尔级比赛中，卫冕冠军徐莉佳的三轮比赛成绩被取消，最终无缘金牌。面对引起广泛争议的判罚结果，徐莉佳选择坦然接受，并顶着伤痛坚持完成比赛。她说：“第三届奥运之旅，任何结果我都微笑接受，因为我知道回过头去看这一年，我把所有能做的一切都毫无保留地奉献给了帆船，不留遗憾！”徐莉佳拥有海一般的心胸，面对不公正的判罚结果，毫无怨言并心存感激；即使一身伤痛，也要与海为伴，做一辈子帆船手！运动员的成长道路不可能永远一帆风顺,只有心底真正热爱,才能不断超越自我、实现自我!

健心房

掌握成功目标设置的策略[2]

1. 对自己的能力有正确的评价

只有从自己的实际能力出发,制定合理的目标,才能推动我们去不断克服困难,逐一实现目标,最终获得成功。

2. 长期目标应与短期目标相结合

研究表明:短期目标更容易使运动员形成积极期望,是运动员可以在训练中实现的目标;且单独使用长期目标,容易损害运动员训练乐趣。若将长期目标与短期目标相结合,有助于运动员对自己的运动能力有一个准确的评价。常见的目标结合方法是“阶梯型”目标：我们首先确定经过努力能够达到的最终目标；再确定这一目标下的若干实现水平；最后将各个水平目标拆分成每日训练要达成的小目标，一步步去实现。

3. 目标应既有挑战性又有可实现性

一个好的目标应该既有一定难度，又是我们通过努力可以实现的。

4. 尽量设置技术动作完成目标，非结果目标

技术动作完成目标是指：一个运动员要完成的技术动作要求

（如羽毛球运动员在比赛时击球速度加快），而结果目标是指运动员将注意力集中于最终能否获胜（如击败上届冠军）。技术动作完成目标的实现完全依靠运动员自身把控；而对于结果目标的实现，运动员只能部分掌控，很大一部分还取决于场上对手的表现，以及外界环境因素的影响（如裁判、场地、气候等）。由此可见，设置技术动作完成目标将有利于提高我们对训练比赛的主动性，更有利于获得成功。

5. 设置明确的目标而非模糊笼统的目标

明确的目标必须是具体的、可测量的、能够用语言加以描述或用文字进行记录的目标。

6. 与教练员共同制定目标

我们在确定自己的训练、比赛目标时，应及时与教练员沟通交流，一方面从教练员那里获知自己的能力水平所处阶段；另一方面能够使教练员更好地理解自己未来的规划和意图，为日后训练计划制订提供依据。

> 既然选择了职业运动员这条路，我就要努力想办法争取下一次冠军，这样才能体现运动员的价值。
>
> ——羽毛球运动员 林丹［中国］

实用包

多级目标法[1]

设置多级目标能够有效帮助我们在形势复杂、竞争激烈的比赛环境中减轻心理压力。赛前，我们可以尝试着为自己设置一个三级目标体系，具体包括以下内容：

1.最理想的目标：超水平发挥时应达到的目标；

2.最现实的目标：正常发挥时应达到的目标；

3.最低目标：无论出现什么意外情况，也应保证达到的目标。

这样一来就避免了那种“不成功便成仁”式的单一目标所造成的心理负荷，也更有利于我们实现自己的既定目标。

小贴士

目标的不同类型

现实目标与不现实目标：现实目标是激发运动员训练和比赛动机的重要因素，我们通过一步步实现阶段性目标，能够不断增强自身的信心和训练动力。不现实目标是指不论通过多少努力也难以实现或根本实现不了的目标。因此，我们在设置目标时，要注意处理好两者之间的关系，切不可好高骛远。

个人目标和集体目标：个人目标是对于每位运动员来说独一无二的发展目标，而集体目标则是从大局出发制定的更高层次的目标。个人目标应服从于集体目标的制定；而集体目标的设定也需要考虑到个人目标的发展。

艺术·人生

推荐图书：《我是冠军》

作　　者：吕保军

出 版 社：中国经济出版社

出版时间：2016.04

内容简介：姚明、刘翔、李娜、林丹、丁俊晖、张继科……他们都是运动场上勇于拼搏的冠军，是镁光灯下最闪耀的明星。但没有人的成功可以一帆风顺，我们必须付出艰苦的努力，用汗水去浇灌梦想！本书记录了他们激情飞扬的青春与挥洒不止的汗水、奋力拼搏的身影与发自肺腑的呐喊、失败后的沮衷与历经挫折的顽强，让我们共同见证他们这一路走来的光辉岁月。

推荐理由：阅读榜样人物的成长历程，从他们身上汲取营养、获得力量、激发自信，是我们运动员健康成长的最好途径。不论身处顺境还是逆境，只要坚定梦想、敢于拼搏，终将有所收获。我们都是怀揣梦想的赤子，让我们带上梦想与实现梦想的勇气，一路向前！

名人名言

在我的一生中，我失败了一次又一次，一次又一次，这就是我成功的原因。

——篮球运动员 迈克尔·乔丹[美国]

日子一年年、一天天地在训练中度过，只要有热情、有激情就没问题！

——乒乓球运动员 张怡宁[中国]

你不可能让所有人都满意，你需要做的只是每天取得进步，我有足够的时间证明自己的实力。

——篮球运动员 姚明[中国]

参考文献

[1] 张力为. 现代心理训练方法[M]. 北京: 北京体育大学出版社，2004.
[2] 殷恒婵，李卫东，龚河华.激发与维持青少年运动员运动动机的手段——目标设置的策略与模式[J].中国体育科技，2002，38(7)：10-12.

主题二 自信

人年轻的时候可以张狂一点，因为年轻人不怕犯错误，错了还有机会重来。老了就不行，错了就是错了，再也没有机会。

——篮球运动员 姚明［中国］

哪些因素会影响运动员的自信心?

自信心指个体对自身成功应付特定情境的能力的估计,是一种积极、有效地表达自我价值、自我尊重、自我理解的意识特征和心理状态。当拥有自信心之后,原本不能轻易解决的问题也能在不经意间迎刃而解,帮助我们体验到成功的滋味。那么,哪些因素会影响运动员的自信心呢?

1. 过去的成败经验:成功经验是影响自信心最有力的因素,失败经验是自信心的“杀手”。从建立自信心的角度来看,成功是成功之母,成功是产生和培养自信心的“沃土”。因此,帮助运动员体验获得成功的深刻感受,对提升自信心有巨大的作用。

2. 个体的思维方式:每个人的思维方式都不相同。遇到同样一件事情,如天气变化、临时更换场地、裁判员误判,或者身体突然有所不适、比赛前一天晚上失眠等,运动员都会有不同的认识。有的运动员倾向于积极地去思考问题,他们认为变化对任何人都是一样的,相信自己能够应对所面临的挑战。也有运动员采取消极的思维方式,总想着可能失败,内心总会留有一些不利于正常发挥的阴影。积极思维会提升运动员的自信心,而消极思维则可能会让运动员自信心降低。因此,运动员要养成积极思维的习惯,控制或减少消极思维的出现。

3. 成败归因:归因是指对他人或自己的行为加以解释和推断的过程,归因在很大程度上会影响运动员的自信心。

小贴士

维利的运动自信模型

人的运动自信包含特质运动自信(我们认为自己具有的运动能力能够在比赛中取得胜利的信念和确信程度)和状态运动自信(我们在某一时刻认为自己能够在竞技运动中获得胜利的信念和确信程度)两种。运动员所处的比赛情境会影响其特质运动自信和对比赛的定向,这两者的交互作用共同影响其状态运动自信,最终影响比赛的行为及其结果。

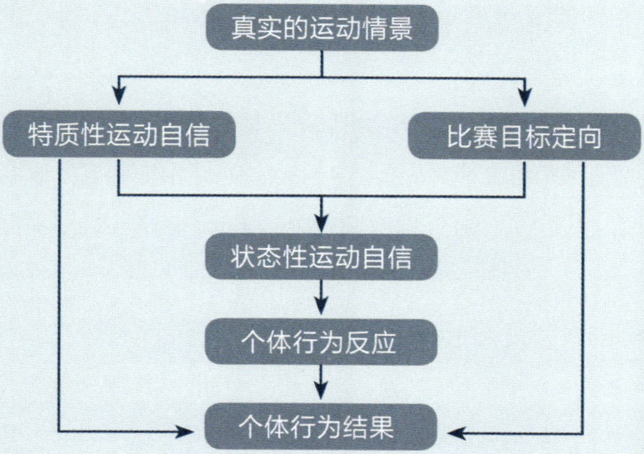

不管是成功还是失败,运动员都会做出一定的解释,而解释会导致运动员接下来采取不同的行为。教练员应该引导运动员运用合理归因,在不利中看到有利,化消极为积极。

4. 社会支持：社会支持是运动员感受到的来自他人的关心与帮助。比如，领导的关照、教练员的指导、队友的帮助、家人的鼓励、媒体的宣传等。来自他人尤其是重要他人的社会支持会在很大程度上影响运动员的自信心。作为教练员，应该在多方面给予运动员充分的指导。比如当运动员遇到挫折时，能够充分理解运动员的心情，给以关切、贴心的问候和有效的建议。作为运动员，则应该通过多种途径寻求足够的社会支持，以更有效地提升自信心。

5. 比赛进程的变化：自信心包含特质自信心和状态自信心，对于应对一场重要比赛而言，运动员的状态自信心更容易受到比赛对手、比赛进程的变化等影响。有些运动员只会打顺风球、顺风枪，遇到一些困难就一塌糊涂。比如射击、射箭运动员的自信心很容易受到不同组次成绩和出远弹（箭）的影响，球类项目运动员自信心随着轮次、局数、场次等成绩变化而变化。因此，运动员要了解自己的信心随组次成绩变化的特点，制定相应策略，进行针对性练习并做好比赛临场调节预案，增强打逆风球、逆风比赛的能力。

> 用努力去改变你能改变的，用胸怀去接受你不能改变的。那些可控的东西，尽最大努力把它做好。
>
> ——跳水运动员 田亮［中国］

冠军说

邓薇："不紧张小姐"的夺冠经

2016年里约奥运会上，摘下中国女举首金的重任落在了63公斤级选手邓薇身上。面对如此巨大的压力，即将上场的邓薇没有过多言语，一切按照备战的节奏不急不忙地进行，从热身到试举，一切如常，最终以抓举115公斤、挺举147公斤（打破该项世界纪录），总成绩262公斤，成功为中国拿下了本届奥运会首枚女子举重的金牌。这位"不紧张小姐"表示："我在赛前就做好了破世界纪录的准备，这个赛季的计划就是这样的，只要开始抓举发挥得好一些，挺举就会轻松一些。"正是这份自信，让邓薇顶住巨大的赛场压力，出色地完成比赛任务，不仅证明了自己，更向世界彰显了中国女子举重项目的实力！

实用包

把握可控因素[1]

请对下列影响比赛成绩的因素进行评价，在右侧数字中圈出你认为该因素的可控程度：1表示完全不可控；9表示完全可控（表1）。找出你能够有效把控的相关因素，努力做好它们就可以了，祝你成功！

表 1 比赛成绩影响因素可控程度表

比赛成绩影响因素	可控程度								
天气	1	2	3	4	5	6	7	8	9
准备活动	1	2	3	4	5	6	7	8	9
场地	1	2	3	4	5	6	7	8	9
裁判	1	2	3	4	5	6	7	8	9
饮食、营养	1	2	3	4	5	6	7	8	9
比赛器材	1	2	3	4	5	6	7	8	9
对手发挥	1	2	3	4	5	6	7	8	9
技术	1	2	3	4	5	6	7	8	9
战术	1	2	3	4	5	6	7	8	9

其实一直以来我缺的不是自信，而是在一场起伏不断的比赛中持续拥有自信。

——网球运动员 李娜［中国］

如何增强自信心?

运动员的自信心是指运动员对自身成功应对训练、比赛情境的能力的估计，是一种积极、有效地表达自我价值、自我尊重、自我理解的意识特征和心理状态。赛场上拥有自信心，能够帮助我们从容面对比赛压力，从而更好地发挥，取得优异成绩。

冠军说

郑姝音：轻装上阵，自信面对

2016年8月21日，里约奥运会跆拳道女子67公斤以上级决赛中，我国选手郑姝音以5比1的战绩击败2008年北京奥运会该项目的冠军——墨西哥名将埃斯皮诺萨，成功摘得冠军，这是本届奥运会中国代表团获得的第25块金牌，更是中国跆拳道第一次在奥运会上连获两金。这位年仅22岁的姑娘，面对两届奥运会和世锦赛的双料冠军，表现异常冷静，以出色的进攻和防守锁定胜局。

赛后，郑姝音接受采访时说："后面三场对手都很强，他们的大赛成绩也都比我

好，我上去打的时候，钰姐（吴静钰）一直在旁边鼓励我，让我不要想太多，放下包袱，当成最后一场，一定要去拼对手。他们说越有包袱，踢腿时就会畏缩，放不开，越是这样就越容易丢分。”

的确如此，运动员有时候在赛场上过分紧张反倒容易束缚自己，导致动作僵硬、成绩不理想，只有轻装上阵，自信面对，才能更好地发挥出自己的水平。

故事会

自信成就精彩人生

19世纪60年代，一个出生在美国夏威夷檀香山的混血男孩总是沉默寡言，因为肤色问题，他变得十分不自信，与别人交谈时，双腿就会不由自主地颤抖，说话吞吞吐吐，甚至不敢抬头看别人的眼睛。所有人都认为：这个孩子连自己都不相信，将来不会有什么出息。可男孩的母亲并不认同这个观点，她让男孩利用每日的课余时间在街区挨家挨户征订报纸。当男孩带着母亲的鼓励勇敢敲开第一位邻居的家门，挣到自己人生“第一桶金”时，他第一次体验到了成功的喜悦。从一个街区走到另一个街区，敲开一家又一家的大门，他开始爱上和别人交流，人也变得自信起来。多年以后，男孩才知道，他童年时收获的“第一桶金”的背后其实是母亲自己出钱拜托邻居们来订阅报纸，但正是童年收获的这份宝贵自信让他开启了人生新的篇章，他不再惧怕与人相处，并且学着积极展示自我，最终成为美国历史上第一位非裔总统，他就是贝拉克·侯赛因·奥巴马。

小贴士

自我效能感

自我效能感是指我们相信自己能够完成指定任务、实现预定目标或克服前进道路上遇到的困难和挑战的信念和意识。自信心是一种稳定的人格特征，自我效能感不同于一般的自信心，它是一种在特定情境中的自信心，会根据特定时间和环境有所变化。但一般情况下，自信心与自我效能感两个词代表着相似的含义。

我们应该有恒心，尤其要有自信心。

——科学家 居里夫人［法国］

健心房

如何增强自信心？

1. 再现成功经验：当运动员在训练或比赛中因状态不佳而消沉、沮丧、身处低谷时，想象自己打得最好的那场比赛，感受自己完美的动作表现、比赛情景及愉悦的心情，有助于运动员稳定情绪，增强信心。

2. 积极自我暗示：经常列举自己的优点可以帮助运动员认识到自身的优势。肯定性的语言如“相信我能做到”“加油”“相信我能赢”等，可以强化运动员的自信心。

3. 关注可控因素：训练比赛中，关注可控因素，如自身的动作、情绪、饮食等，可以提高运动员的掌控感，增强自信心，把精力集中在过程上，心态从容平和地进行比赛。

4. 教练积极反馈：教练积极的反馈可以让运动员进一步认识到自身的优势，且获得重要的社会支持，提升自信。

5. 严抓基本功：信心来自于实力，因此，自信心是建立在运动员的能力范围之内和个人成功运动经验积累的基础上，这种能力和经验的积累是靠日常训练获得的。只有高标准，严要求，把自己掌握的技术动作做得更加准确扎实，才能够在关键时候心中有数。

6. 强化自身优势：自信心来源于运动员对自身技术特点和优势的认知和把握。在训练中，运动员应结合自身特点，不断强化技术特长；在比赛中，充分发挥技术特长。强化和发挥特长往往是弥补缺点的最佳方式。

实用包

积极语言暗示法

通过反复强化积极语言暗示，形成关键时刻运用积极语言暗示自己的习惯：

1.在训练日记中罗列出自己赛前和比赛中经常运用的自我提示语；

2.圈出这些自我提示语中的消极成分；

3.用积极提示语替换消极提示语：如“别紧张”改为“淡定”、“别想输赢”改为“注意调整呼吸”等；

4.每天训练前默念这些积极提示语，以帮助自己形成做积极语言暗示的习惯。

自信是成功的第一秘诀。

——思想家 爱默生［美国］

为什么信心的树立须立足自己?

如果丧失了信心，那么你已经输掉了比赛。自信是运动员迈向比赛成功的第一步，也是运动员比赛中出色发挥的必要心理条件。

自信是运动员对自己胜任比赛任务、实现比赛目标的能力的确认程度。自信最主要的内涵是运动员要相信自己的技战术实力，相信自己认真的准备工作,相信自己比赛中能够有效掌控自己，即使在困难条件下仍能正常或出色发挥，而不是单纯指向比赛的胜负结果。

射箭奥运冠军尹美进曾说道："和取胜的自信相比，我对自己有把握的、完美无缺的发射更有自信。对于比赛的胜负我不过多考虑，我只是考虑自己完善的、可靠的发射，比赛的结果是由这种完美、可靠的发射来决定的。"

所以，真正的信心的建立必须立足自己，只有形成正确的自我认知，有效的自我调控，进行扎实的技战术训练，细致的赛前准备，才能树立真正的自信，在挑战并战胜自我的基础上，充分发挥自己的水平，进而超越对手，取得比赛的胜利。

冠军说

李小双：赛场之上舍我其谁[2]

有人曾经问过李小双最崇拜的人是谁，他用一种充满自信的声音回答说："我自己。"李宁也曾说过："每次看小双比赛，总是热血沸腾，激动不已。他那种一出场就咄咄逼人的气势，使对手望而生畏，而信心十足的样子又容易给裁判留下最佳的印象，那旺盛的斗志，又让同伴感到了信心。”1995年，李小双在日本鲭江举行的世界体操锦标赛男子个人全能比赛中，以57.998的高分夺得冠军，这也是中国体操队参加世界体操锦标赛90多年来的首个个人全能冠军。李小双坦言：“我还有更大的潜力，我很遗憾这次运动会上有一些外国选手发挥得不是很好，咱们亚特兰大再见。”凭着这股自信，李小双在1996年亚特兰大奥运会上上演绝地反击，以0.049分的优势击败俄罗斯名将涅莫夫，拿下了中国体操史上第一块个人全能的奥运金牌。

健心房

如何立足自己，树立自信？

在正确理解自信的基础上，为了更好地确立自信，尚需做好以下几点：

1.进行全面的自我分析，充分认知自己的优点，与对手进行客观的比较，进而形成积极的自我评价。

2.做好细致、针对性的赛前心理准备，制定切合个人需要的逆境时可采纳的应对策略。

3.表象过往成功的技术动作和比赛情景，或对即将开始的比赛进行预演练习，有效进行自我心理动员。

4.采用积极的、肯定性的言语进行自我暗示。

5.比赛是此消彼长的过程，自己的信心增一分，对手的信心就可能减一分；自己多坚持一秒，对手就可能早放弃一秒。所以，任何比赛都必须坚持到最后一刻。

实用包

个人记录回顾法[2]

通过比较自己的过去与现在，了解自己的进步情况：

1.每天在训练日记中认真和详细地记录自己的训练成绩和比赛成绩；

2.以时间为横坐标，成绩为纵坐标，画出自己的成绩动态变化图。一般来说，将横坐标的时限加长(如以月或半年为单位，而不是以天或周为单位)，可更好地表示进步趋势；

3.从成绩动态变化图中观察和分析自己的进步趋势。

一般来说，将自己的过去与现在进行比较，更容易获得成功感和自信心；将自己的成绩与别人的成绩进行比较，则获得成功感和自信心的可能性会降低。

小贴士

自我控制[3]

自我控制是指个体自主调节行为，并使其与个人价值和社会期望相匹配的能力，它可以引发或制止特定的行为，如抑制冲动行为、抵制诱惑、延迟满足、制订和完成行为计划、采取适应社会情境的行为方式。

遇到强手不自信怎么办？

运动员比赛中的对手或强或弱，或者与己相当，这就引出了如何对待强手的问题。所谓强手，或是自己的克星，或是知名度很高的大牌，或是实力雄厚的夺冠热门。遇到强手时，运动员最容易出现的心理反应就是惧怕。仔细分析起来，其实是强中有弱，弱中有强。

1.强手可能比你负担更重。因为强手夺冠呼声越高，社会压力越大；强手过去胜你次数越多，就越可能担心这一次出现“例外”。相比之下，你的负担比强手更轻。因为你处下风，人们不会对你产生过高期望，输了很自然，并不难堪，但赢了则属于超常发挥，应当大喜。

2.训练水平与比赛水平是两回事。强手对强弱判断的依据可能会更多地依赖于对训练水平的分析结果，认为训练水平与比赛成绩具有较大一致性。因此，比赛准备工作往往比较简单。不能否认训练水平敌强我弱的客观情况，但训练水平与比赛成绩的关系不是稳定的关系，训练水平高并不代表强手在本次比赛一定获胜，因为训练水平和比赛成绩的关系受比赛发挥的影响极大。双方都正常发挥，两者关系是正比，即训练水平越高，比赛成绩越好。但一旦双方比赛发挥水平产生变化，训练水平和比赛成绩就有可能变成反比关系，即训练水平高者，比赛成绩反而不好。你对强弱的判断应当更多地放在比赛发挥上。只要你的比赛准备周到细致，就可能在比赛中有出色发挥，从而改变训练水平与比赛成绩的关系，取得以弱胜强的结果。

3.比赛中往往是强手得到的观众支持较少，弱手得到的观众支持较多。因为观众往往有两种倾向：一是支持弱者，二是期待比赛出现意想不到的结果，从而获得一种新异刺激。

4.比赛结果总是具有某种不确定性，这正是体育竞赛所以能够吸引万千观众的重要原因。1988年汉城奥运会，加拿大短跑名将约翰逊跑出9秒83的好成绩，不但取得第一名，而且打破世界纪录。但没过多久，他由于被查出服用违禁药物而被取消成绩，短跑名将刘易斯等选手的排名依次递增，奥运会金牌易主。这些戏剧性的事例提示运动员，只要有1%的希望，就要作100%的努力。在比赛进程的最后1秒，最后0.5秒，都可能出现转机，甚至比赛结束，都可能有令人震惊的改变。运动场上，机会永远存在，只要以永不言败和永不放弃的精神坚持下去，就可能产生弱手后来居上的结果。

5.运动员都是随着比赛成长的。新人的成长总伴随着战胜过往强手，纵观全运会和奥运会的赛场，充满了新手将老将挑于马下的精彩瞬间，故新手只要专注于自己的技术动作，专注于自己能够把控的事情，就具有战胜强手的可能。

冠军说

李婷 / 孙甜甜：首轮遇强敌，自信威名扬

2004年雅典奥运会，我国网球头号组合李婷/孙甜甜，在首轮女双比赛中就抽到了实力强劲的美国选手大威廉姆斯和鲁宾的组合。即便顶着巨大压力，两位姑娘依旧很快进入比赛状态，以7比5

率先拿下一局，虽然第二局被追平，但在决胜局中，两人把握住关键时机，利用对方的失误，一攻一守完美配合，以6比3拿下决胜局，赢得了首场对战的胜利，也制造了本届网球比赛的一大冷门。赛后，李婷兴奋地表示：“这是我们取得的最为重大的胜利，虽然我们的对手只是半个卫冕冠军。我们非常开心，我们只想打出自己的正常水平。”

先相信你自己，然后别人才会相信你。

——作家 屠格涅夫［俄国］

健心房

培养一般自信[1]

运动员的自信包括两个方面：一是作为普通人的一般自信；二是作为一名运动员的自信，两者有明显不同，但又互相影响。一般自信可以从平时小事做起，加以锻炼和培养。具体有如下几种方法：

1. 做事时，尽量反应迅速、动作敏捷；

2. 与对方握手时稍用力，让对方感到你的力量；

3. 签名时有意识地将自己的名字写得大一些；

4. 学习与别人交谈时的技巧。

正视对方的眼睛

大声回答对方提问

适当做些大型手势

尽量多地保持微笑

> 信心是命运的主宰。
>
> ——作家 海伦·凯勒［美国］

实用包

强手缺点发现法[2]

我们可以通过了解和分析强手的缺点，改变“敌我”双方的形象对比，以此来提高自己的自信心。具体做法如下：

1.赛前训练中，积极与教练和队友交谈，了解自己即将面对的对手有哪些缺点或薄弱的地方；

2.将了解到的对手情况写入训练日记中，逐条分析自己在这些方面存在的优势。金无足赤，人无完人。分析掌握对方的缺点，能够使自己更有针对性地战胜对手，获得成功。

小贴士

晕轮效应[4]

晕轮效应又称光环效应，指在人际知觉中所形成的以点概面或以偏概全的主观印象。即一个人如果被标明是好的，他就会被一种积极肯定的光环笼罩，并被赋予一切好品质；一个人如果被标明是坏的，他就会被一种消极否定的光环所笼罩，被认为具有各种坏品质。这就好像刮风天气前夜月亮周围出现的圆环一样，其实，这圆环不过是月亮光扩散出的月晕而已。

艺术·人生

推荐电影：《卡特教练》

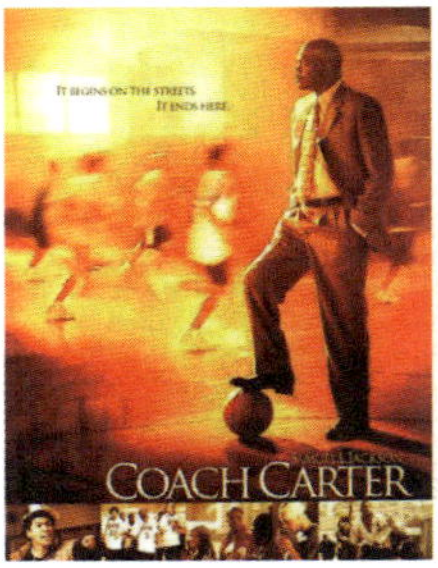

导　　演：托马斯·卡特

主　　演：萨缪尔·杰克逊，罗伯·布朗，瑞克·冈萨雷斯

上映时间：2005.01

电影简介：卡特教练接手了一支屡战屡败的篮球队，却利用严厉的管理制度使得球队在新赛季里焕然一新，成为常胜将军并一路杀进决赛，卡特教练的坚持改变了十几个问题儿童的命运。虽然在结局中他们输掉了比赛，但却收获了十几个比冠军

（扫码看电影，视频来源：腾讯视频）

更耀眼的灿烂人生……

推荐理由：这是一部典型的体育励志题材电影，带有美国电影的典型特征。从影片中我们能感受到：无论做什么事，只要下定决心，就可以排除万难，最终到达胜利的彼岸。就像影片中卡特教练凭借始终坚守梦想的那份自信与执着，成就了他传奇的一生和这支传奇的球队！

名人名言

天生我材必有用，千金散尽还复来。

——李白[中国]

会当凌绝顶，一览众山小。

——杜甫[中国]

海到无边天作岸，山登绝顶我为峰。

——林则徐[中国]

自信人生二百年，会当水击三千里。

——毛泽东[中国]

实现明天理想的唯一障碍是今天的疑虑。

——罗斯福[美国]

参考文献

[1] 张力为,毛志雄.运动心理学[M].上海：华东师范大学出版社,2003.

[2] 张力为. 现代心理训练方法[M]. 北京：北京体育大学出版社,2004.

[3] 张力为.运动员的自我控制：重要理论及研究进展[J]. 心理科学,2013(3):5-13.

[4] 侯玉波.社会心理学[M]. 北京：北京大学出版社,2018.

主题三 情绪控制

我从其他人那里学到的是：如果你对每个对手都担心，又希望自己成为美国下一位伟大的运动员，就会扰乱你的比赛。人一定要考虑自己所做的事情。我只是按照我想要的方式去打球。我不害怕输掉比赛，如果我开始担心输掉比赛，我肯定不会赢。

——网球运动员 安德烈 · 阿加西［美国］

赛场紧张有什么积极作用和消极作用?

赛前紧张是指竞技者在赛前受到外界与自身因素的影响,在心理、生理、行为等方面做出的压力反应。赛前紧张是一种内在的动力,是一种复杂的情绪,是一项特殊的反应。

赛场紧张的积极作用是:第一,使注意的范围缩小、集中注意的时间延长;第二,有助于全身能量的动员,使血流更快更多地流向四肢肌肉;第三,会增强力量,提高速度,提升耐力;第四,使人处于更加机警的状态;第五,会使疼痛感、疲劳感减轻。

当然,赛场紧张也会产生消极效应,包括:第一,使注意方向的调整和转移出现困难,导致思维的灵活性和变通性下降;第二,紧张程度过高时会造成注意范围过窄,思维短路,因而出现"发蒙"的情况;第三,使精细肌肉的控制能力下降。

总之,赛场紧张是正常现象,具有积极和消极两种作用。太紧张和不紧张都不利于达到最佳竞技状态。适度的紧张则有利于运动员的比赛发挥。

故事会

适度紧张的益处

多年前,美国阿拉斯加一个自然保护区里,人们为了使鹿群能够安全生存、免遭狼群的袭击,便下令将全部狼群捕捉干净,一时间整个保护区便处于一种和谐安逸的氛围中。可如此平静的生活

带给鹿群的并不是想象中的安逸，而是一场重大灾难：由于缺少适度的活动，大批大批鹿群得病而死，人们才恍然想起“弱肉强食、适者生存”这个自然哲理。于是，人们便重新捉了几只狼放入保护区内，整个鹿群为了躲避狼的攻击，又开始整日提心吊胆地拼命奔跑，肌肉、神经始终处于一种良性的紧张状况之中。不久，鹿群的“闲散病”便自动痊愈，又恢复了往日的生机，得以繁衍生息。

其实，人和鹿群也是一样的，适度的紧张感是促使我们积极进取必不可少的刺激物。对于运动员来说，比赛中的适度紧张更有利于竞技水平的发挥和运动成绩的提高。

健心房

如何调节赛场紧张情绪?

运动员总是要经历大大小小的比赛，即便是经验丰富的老将，面对重大比赛，有时也很难完全掌控自己的情绪，或多或少会感到紧张。那么，我们如何做才能很好地调节赛场上的紧张情绪？不妨试试以下几种简单易行的方法。

1. 表象调节：比赛前，在头脑中重现自己过去获得胜利时的最佳表现，感受当时的身体和情绪状态，以此来增强比赛的信心，力求更稳定地发挥。对过去成功经验进行重现是一种积极的意识状态，通过回忆那些激动人心的情景能够活跃我们的神经系统、增强有氧呼吸、促进血液循环，使全身充满力量。

2. 表情调节：比赛中可以通过有意识地改变自己面部表情以调节情绪，因为情绪状态与面部表情之间存在着密切联系。当我们感到情绪紧张时，可以有意识地放松面部肌肉，用手轻搓面部，使肌肉体会一种放松的感觉，进而舒缓紧张的情绪。

3. 活动调节：由于大脑与肌肉的信息是双向传导，神经的兴奋性不仅可以从大脑传至肌肉，同样也可以由肌肉传至大脑。因此，当情绪过分紧张时，可以进行一些小强度、大幅度、慢节奏的动作练习，以降低情绪的兴奋性，消除过度紧张。

小贴士

唤醒与运动表现的倒U形假说[1]

竞技体育中运动员运动成绩与其情绪激活水平之间呈现倒U形曲线关系，即当运动员的情绪激活水平较低时，运动成绩也较低；随着情绪激活水平提高，运动成绩也逐渐提高；当情绪激活水平达到一定水平时，运动员运动成绩将呈现最佳状态；但情绪激活超过适宜水平之后，运动成绩则会随着激活水平的升高而降低。

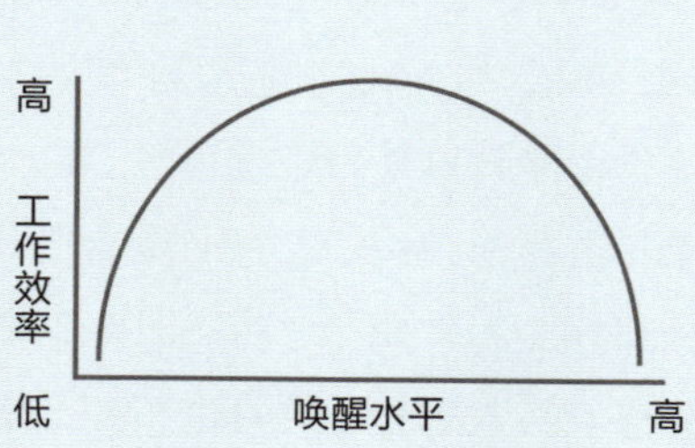

实用包

自生放松法[2]

1.预备姿势:拿一把舒服的椅子,选择一个舒适的位置,放松地坐在椅子上,将胳膊和手放在椅子扶手或自己的腿上,双腿双脚自然摆放,脚尖略向外,闭上双眼;或者仰面躺下,头舒服地靠在枕上,两臂微微弯曲,手心向下放在身体两旁,两腿放松,稍分开,脚尖略朝外,闭上双眼。

2.自生放松练习:先放一首自己喜欢的轻音乐,然后在音乐声中,跟随放松指导的语音提示进行操作。通过倾听指导语使自己达到肌肉放松、精神松弛的状态。

如果能左右自己的思想,就能控制自己的情感。

——企业家 克莱门特·斯通[美国]

赛前如何快速调动情绪到最佳状态?

最佳竞技状态是每一位运动员和教练员都渴望和追求的一种参赛心理状态,也是运动员技战术水平在比赛中充分发挥和创造优异成绩的最佳保证。情绪的最佳状态表现为大脑处于适宜的激活水平,运动员有高昂而稳定的竞争状态,感到积极振奋,无紧张焦虑感。能够充分认识到潜在的困难和复杂严峻的比赛形势,同时又感受到自己已经准备充分。

冠军说

丁俊晖:闭关修炼调整赛前最佳状态

2013年11月4日凌晨,斯诺克国际锦标赛在成都落下帷幕,丁俊晖在8比9失利的情况下连追两局,最终以10比9逆转夺冠。这是继上海大师赛和印度公开赛夺冠之后,丁俊晖两个月内连续获得的第三个大型排名赛冠军。从第一站上海赛开始,丁俊晖就不断调整自己的身心状态去适应比赛,提前两周回到国内,利用更多的时间去调整时差,保证充足的休息。在成都站之前,他同样选择在北京闭关练球,以求让自己的心态和状态达到一个最佳水平。

丁俊晖表示:"打斯诺克,想让对手给你留下一个谁都能够清台的局面几乎不可能，更何况打职业比赛，每一个对手都想要战胜你。所以，在更多的情况下你需要面临的是防守，而不是进攻。之前我在攻防转换上一直做得不够出色，所以这也是我需要改变的地方。”因此，本届比赛丁俊晖在技战术以及心理上也做出很大的调整。即使比赛中对阵墨菲、罗伯逊和霍金斯这些实力强劲的竞争对手，也能耐心地稳定发挥，一点点化解困境，最终赢得比赛胜利。

小贴士

情志转移[1]

情志转移(interest shift)是一种通过转移注意力来控制情绪的方法。当我们感到情绪过度紧张时，可以有意识地强迫自己将注意力转移到其他事物上，去从事自己感兴趣的活动，如打球、看电影、逛商场、听音乐等，都可以帮助我们暂时缓解当前的紧张情绪。

健心房

如何调整情绪达到最佳状态?

最佳情绪状态不会自然而然地产生，但也不是可望而不可即的。我们可以采用如下方法将情绪调到最佳状态：

1. 了解自身的情绪特点：日常训练中，运动员要认真感受和体会自己的情绪，比如自己紧张时会有什么表现，自己状态好时又是什么感觉，这样在比赛场上才能够准确把握自身的情绪。

2. 总结以往的情绪调节方法：运动员要及时总结自己训练和

比赛中调节情绪的经历，归纳总结出适合自己情绪调节的方法。方法没有高低之分，有效就好。

3. 做好赛前准备：比赛前认真做好比赛方案，包括比赛程序和突发事件对策库。这样，在比赛中能够迅速将自己的思想集中起来，而不会过于紧张。

4. 专注于当前动作：将注意力集中在当前的事情，如自身动作和对手反应上，排除无关信息的干扰。

什么是失败？无非是迈向更好境界的第一步。

——演说家 温迪尔·菲利普斯［美国］

实用包

活动调解法[2]

比赛前，我们可以通过不同速度、强度、幅度、方向、节奏的动作来调节情绪状态。肌肉活动积极，从肌肉向大脑传递的冲动就多，大脑的兴奋水平就高，情绪就会越高。反之，肌肉愈放松，从肌肉向大脑传递的冲动就愈少，大脑的兴奋水平就越低，情绪也就越平静。

1.赛前情绪紧张时，可以采用一些强度小、幅度大、速度和节奏慢的动作练习，以降低情绪的兴奋性，消除过度紧张；

2.赛前情绪低沉时，可以采用一些强度大、幅度小、速度和节奏快的变向动作练习，以提高情绪的兴奋性。

上场后发现情绪紧张怎么办？

紧张是人在应激情况下的一种正常反应，包括主观体验、生理反应、表情三个方面。人在受到刺激后，自主神经系统活动会诱发紧张的各种生理反应，我们可以解释为紧张的主观体验，并且通常以面部和身体的各种表情表现出来。

健心房

四步调节紧张情绪

运动员上场后发现情绪紧张可采用四步调节法：

1. 立即回顾紧张可能带给自己的各种积极作用，如能够动员全身能量，提高兴奋水平；提高血糖含量和力量、耐力；集中注意于当前任务以及镇痛等；

2. 注意观察对手的面部表情和语言，告诉自己“紧张是一种正常的反应，对手比我还要紧张”；

3. 通过深呼吸，听舒缓音乐，看冷色调广告板等方法，帮助自己减缓紧张的生理反应，逐步降低紧张的水平；

4. 通过在脑中回忆或阅读赛前预案，并采用积极、具体的语言提示如“抓紧器械腿并拢”等，帮助自己把注意力集中到比赛的过程上、当前的任务上和自己可以控制的因素上。

实用包

自我暗示 [2]

当发生如下情况时，我们可以用积极的语言暗示自己保持镇静，消除紧张：

1.在将要与对方或裁判发生冲突时，默念“冷静、冷静、冷静”，达到控制情绪的作用；

2.即将上场前，默念“镇静、镇静、镇静就是成功”或“放松、放松、放松就是成功”一类的提示语，帮助自己镇静情绪和增强自信；

3.比赛中在与对手相持阶段，默念“再坚持一下，把对方拖垮”或“对方越来越慢了”一类的提示语，有助于鼓舞士气，增强信心；

4.关键时刻进行自我暗示时，应避免使用消极提示语，以防出现比赛中的“逆效应”。

小贴士

比赛场上的“逆效应”

正如法国小说家居伊·德·莫泊桑说的那样：“成功的秘诀就是让正面的语言和文字时刻包围着你，修正着你，让你时刻充满正面的能量！生活永远不像我们想象的那样好，但也不会像我们想象的那样糟。”比赛的关键时刻不应提示运动员“别紧张”，因为这样反而容易引起自己或他人的紧张情绪，心理学将这种效应称作“逆效应”。有一个心理学的实验，告诉A组研究参与者看澳式足球比赛录像，然后讨论；告诉B组研究参与者看澳式足球比赛录像，然后讨论，并嘱咐：别去看裁判。结果发现，B组研究参与者反而用更多时间看了裁判。你自己可以试试看：别想白熊！结果如何？像“别紧张、别想输赢、千万别失误”这类自我提示或他人提示，均会产生逆效应。产生逆效应的原因是：人进行思维抑制时（如别想白熊），关注点会无意识地、自动化地落在自我提示的消极线索上(白熊)。而且,压力越大,逆效应就会越明显。

那么,如何控制比赛关键时刻可能产生的逆效应呢?方法很简单,就是提示自己应该做什么,不要提醒自己不该做什么(表2)。

表2 控制逆效应的方法

产生逆效应的消极提示	控制逆效应的积极提示
别想输赢!	盯住他反手打!
别紧张!	放松!镇静!
千万别失误!	紧住!顺出去!果断!

能控制好自己情绪的人,比能拿下一座城池的将军更伟大。

——拿破仑[法国]

遇到挫折和失败时如何寻求情绪解脱？

历史上不乏经历挫折和失败后奋起，继而成功的英雄，如司马迁、保尔·柯察金、邓小平、曼德拉等。运动员也都知道，所有的世界冠军身后也都有着失败、奋斗、再失败、再奋斗、直到成功的故事。邓亚萍在训练初期就曾有过受到冷落、不被看好的凄凉时刻。但她在慧眼识真才的教练的帮助下，以与命运抗争的拼搏精神，成为名副其实的乒坛霸主，为祖国赢得了荣誉。因此，当挫折和失败再次降临时，运动员朋友，你应当看到，明天，希望会像太阳一样，在同样的时间和地点等待你！

故事会

失败——奋斗人生中的宝贵财富

有一部电影，描述儿子一直梦想成为一名空军飞行员。他从几百人的集训开始，在一轮接一轮的训练和筛选中，艰难地闯过一关又一关。最后一次选拔是10选2，他落选了。父亲专程来看望他，两人心情都十分沉重。沉默许久，父亲最后以低沉而有力的口吻深情地对儿子说：“儿子，爸爸这辈子从来没有送给你什么礼物，你这次失败，算是我送的礼物吧！相信你会珍藏它，从中得到启示，并重新开始人生！”这段话颇富哲理。其实，挫折和失败是一种财富，一种潜在的力量。经过重重挫折、失败而又不断奋起的人，才是令人敬佩的人，使人放心的人，终有成就的人。

健心房

寻求情绪解脱的方式

胜败不但是兵家常事，更是运动员的不断经历。遇到挫折和失败时，至少有两种应对方法可供运动员选择，即适当宣泄和自我调节。

适当宣泄是指遇到挫折和失败后，以适当的方式排遣心中的郁闷与不快。有学者认为，控制和调节情绪的最好方法就是以适当的方式及时和充分地宣泄自己内心的痛苦、忧愁、委屈、遗憾等情绪。

宣泄有多种方式，如哭泣、写日记或找人倾诉等。虽然“男儿有泪不轻弹”，但哭泣并不一定是软弱的表现。哭泣往往是真情流露的一种形式，可以缓解由于挫折和失败带来的即刻紧张和沮丧。如果你在寄予厚望的一场必胜之战中不幸失败了，那种痛苦的感觉是人人都能理解的，如果你想哭，就让泪水流出来吧，因为你需要让泪水带走过去，然后再整装待发，以新的面貌迎接今后的挑战。

写日记实际上是书面自我谈话，人们在将情绪感受落于笔尖纸上的时候，往往是比较冷静的时候。书面语言的参与和使用可使情绪感受条理化和逻辑化，这显然有助于分析情绪和控制情绪。

找人倾诉也是宣泄的一种形式。可以向自己信任的朋友、教练、老师或父母倾诉心中的不快和忧愁。俗话说：“一个篱笆三根桩，一个好汉三个帮。”当一个人感到有人在关心、照顾、尊重、理解和爱护自己时，会减轻对挫折和失败的反应强度，增强对挫折和失败的承受力和适应性。正如培根所说，如果你把快乐告诉朋友，你会得到两份快乐；如果你把忧愁告诉朋友，你将减少一半忧愁。倾诉具有重要的情绪调节作用。倾诉过程中，倾诉者往往可以从倾诉对象关切的目光、体贴的动作和明智的建议中得到安慰、鼓励和启示，也可以在交流中清理自己的思绪。有时，即便倾诉对象不能提出任何有价值的建议，但倾诉过程本身已经足以缓解倾诉者心中的郁闷、惆怅和沮丧。

当然，对待挫折和困难，最重要的还是自我调节。自我调节分为认识和行为两个层面。应当认识到，挫折和失败具有两重性。失败是成功之母这句话之所以脍炙人口，是因为太多的实例印证了这个真理。还应当认识到，挫折和失败具有暂时性。所有的挫折和失败在当时看来都是那么令人痛苦甚至恐惧，但都会随着时间的推移变得微不足道，留下的只有人们不断跨越挫折和失败、追求成功和胜利的足迹。

> 虽然世界多苦难，但是苦难总是能战胜的。
>
> ——作家 海伦·凯勒［美国］

实用包

松弛反应法[2]

这是美国学者本森在1975年根据东方静默法特点制定出的一种通过肌肉放松达到精神松弛的训练方法。

1.首先，让自己在一个安静的环境中舒适地静坐，闭目，放松全身肌肉，平静缓慢地用鼻子呼吸，使自己能感觉到自己的呼吸声；

2.在每次呼气的同时，默诵“一”字，将注意力集中在“一”字上，并保持一种随和的态度；

3.对于头脑中不时出现的杂念，不必为之着急，不要理会它们，继续重复“一”字。实践证明，用不了多少时间，松弛就会自然到来；

4.训练结束后，先闭目静坐几分钟，然后再睁开眼睛；

5.每次训练持续20分钟，每天可进行1~2次。

小贴士

比赛中的心理定向原则

运动员在比赛中的心理定向应遵循以下三个原则：

过程定向：将注意力指向比赛过程，而不只是关注比赛结果；

当前定向：将注意力指向当前面临的任务，而不去关注已经产生的结果或将要发生的事情；

主体定向：将注意力指向自己的思维和行动，这是你自己能够掌控的，而不是天气、裁判等难以控制的因素。

遇到挫折和失败时如何真正改变困境？

在“遇到挫折和失败时如何寻求情绪解脱？”这一问题的讨论中，我们主要分析的是遇到挫折和失败时如何渡过情绪难关的问题。显然，这是将挫折和失败转化为胜利与成功的第一步。但渡过情绪难关以后，还有许多事情要做，才能逐步接近胜利与成功。应当使心情平静下来，避免希望立即重新参赛，急于打翻身仗，为自己确定过高目标的急躁情绪，取而代之以冷静和理智的思考。

故事会

直面挫折，改变困境

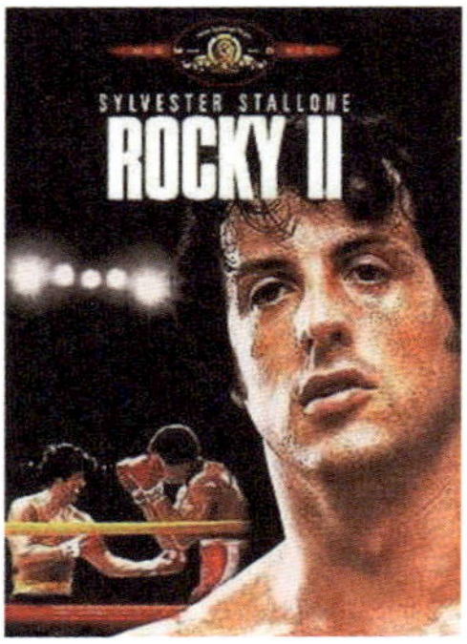

有一位美国青年，一直渴望自己写的剧本能够得到认可，即使穷困潦倒、身无分文，也仍然全心全意坚持自己的梦想。当他带着自己辛苦创作的剧本敲开一家家电影公司的大门，现实却给了他沉重一击，500家好莱坞电影公司没有一家肯聘用他，甚至连剧本都被拒之门外。面对无情的打击，年轻人并没有灰心，经过第一轮拜访失败，他选择从头开始，再次进行他的第二轮、第三轮拜访，一次次挫败并没有磨灭年轻人心中的希望，终于当他在第四轮拜访了349家公司后，第350家电影公司的老板破天荒答应留下他的剧本。几天后，年轻人被公司邀请前去详细商谈，并在这次商谈中，达成了拍摄该部电影的决定，这位年轻人也如愿成为自己剧本中的男主角。这部电影名叫《洛奇》，这位年轻人便是席维斯·史泰龙。

成长的道路上，失败和挫折并不可怕，重要的是我们选择什么心态去面对它们，只有始终坚定自己的理想信念，积极寻求解决问题的方法，持之以恒地付诸努力，才是真正改变困境的一味良药！

健心房

失败后应该如何应对？

1.应当认真分析当时挫折和失败的情景，分析造成挫折和失败的内在原因与外在原因，主要原因与次要原因，可控制原因与不可控制原因，以便确定解决问题的方法和制定今后的训练目标。例如，战术运用不当或许可以归于内部原因、主要原因和可以控制的原因，今后可以在这方面加强训练；裁判误判或许可以归于外部原因、主要或次要原因，以及不可以控制的原因，没有必要对此过于较真或自责。

2.分析已经具备的和可能具备的转变挫折与失败的内在条件和外在条件，根据内在条件和外在条件制定新的训练和比赛目标。设置目标时，应当避免不切实际地设置过高目标，因为一旦目标不能达到，就会伤害自己的自信心和自尊心。同时也应当避免设置过低的目标，因为过低的目标不具挑战性，动机的促进作用不大。设置目标时，还应当注意将短期目标和长期目标结合好。长期目标使运动员今后的训练比赛有明确大方向，短期目标则具有立即动员作用，促使运动员在每天、每周和每月的训练中追求提高的效益。

3.进行了原因分析和设置了新的目标之后，应当立即开始将计划付诸实施，而不是等待。在实施计划的过程中，应当有坚定的决心、充分的耐心和持久的恒心，沿着既定目标不懈地努力。“失败是成功之母”这句话是有条件的。只有沿着正确方向做出坚韧不拔的长期努力，失败才有可能转变为成功。

> 面对太阳，阴影将落在你背后。
>
> ——诗人 惠特曼［美国］

实用包

渐进放松法[2]

渐进放松法是通过不断重复紧张和放松的状态，让我们了解什么是紧张的感觉、什么是放松的感觉，以及不同程度的紧张和放松是什么感觉。

1.准备姿势：与自生放松法姿势相同；

2.渐进放松练习：跟着音频中的指导语进行体会。

小贴士

正确归因

所谓归因就是指当我们面对成功或失败时，倾向于将其归为何种原因。正确的归因观能够让我们在比赛获胜或失利后迅速调整自己，继续前进。因此，当获得成功时，我们应该把原因归为自己的努力，而不仅仅是能力和运气；而面对失败时，应该将原因归为自己的努力不够，而不是找外部环境的原因。

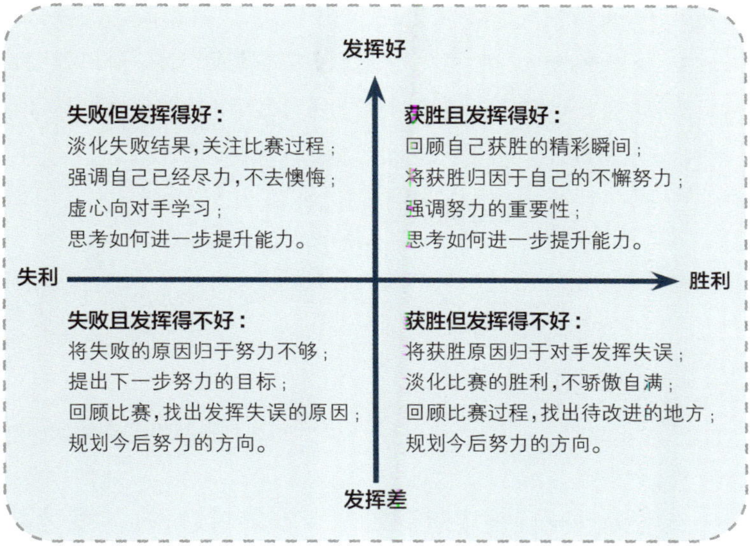

艺术·人生

推荐图书：《如何控制负面情绪》

作　　者：约翰·A.辛德勒

出 版 社：中国友谊出版公司

出版时间：2018.06

内容简介：本书前半部分“情绪主宰着你的健康”中，作者论述了疾病的根源就是负面情绪；在后半部分，作者以“如何控制情绪，享受健康与幸福”为主题，告诉我们应该如何控制自己的情绪，特别是摆脱负面情绪，过上积极幸福的生活。

推荐理由：情绪决定生活质量，很多时候，我们事业上的成功、失败；生活中的幸福、悲伤，其实都是情绪问题造成的，懂得如何控制自己的情绪，就能让你的生活走上一条光明大道。

名人名言

如果人是乐观的，一切都有抵抗，一切都能抵抗，一切都会增强抵抗力。

——无产阶级革命家 瞿秋白［中国］

我喜欢兴奋起来，感受肾上腺素的流动，那时我才打得最好！

——网球运动员 克里斯·埃弗特［美国］

我喜欢紧握拳头，在大力击球时猛挥胳膊，但这种方式不一定适合每个人。你不应该仿效其他人的情绪反应模式，除非适合你。

——网球运动员 吉米·康纳斯［美国］

参考文献

[1] 张力为，毛志雄.运动心理学[M]. 上海：华东师范大学出版社，2003.
[2] 张力为.现代心理训练方法[M]. 北京：北京体育大学出版社，2004.

主题四

逆境应对

困难与折磨对于人来说，是一把打向坯料的锤，打掉的应是脆弱的铁屑，锻成的将是锋利的钢刀。

——作家 契诃夫［俄国］

比分暂时落后怎么办?

比赛过程中会出现不同的比赛情景,如时间进程(开始阶段、中间阶段、结束阶段)和比赛进程(比分领先、比分落后、比分相持)。在不同情景下,运动员会承受不同程度的应激,如在时间进程进入结束阶段时,比赛进程是比分相持、领先或者落后状态下,教练和观众的呐喊、指责和期望会给运动员带来不同程度的压力影响。

有研究表明,不同的比赛情景(比分领先、比分落后、比分相持)对运动员成绩影响的效果不同,如在比分领先阶段和遇弱队时,运动员的表现相对较好,但在比分落后或比分相持,心理状况不佳,以及遇到强队和遇到水平相近队时,运动成绩得分相对较低[1]。

运动员在以下几种比赛情景组合中,最容易发生“choking”现象:

主场比赛,结束阶段,比分相持;

主场比赛,结束阶段,比分落后;

客场比赛,结束阶段,比分相持。

小贴士

“choking”现象[2]

该现象是运动员在压力状况下心理产生变化,从而导致成绩衰退的现象。在一些关键比赛或比赛的关键时刻,运动员的压力越大,越容易出现低级错误,如罚球不进、传球失误等。

冠军说

金州勇士队：领先未必是赢家

体育带给我们的不只是强健的体魄，更是一种精神，体育精神需要我们在运动中、在生活中慢慢领悟。对手能打破比赛的节奏，但不要让他打碎你奋斗之路的前奏。在2016 年 NBA 季后赛中，金州勇士队在第六场总比分 1比3 落后的情况下，最后六分钟成功逆袭挺进总决赛。 在最后六分钟追平比分之前，勇士队一直落后于雷霆队，如果此时勇士队的信心已被雷霆队击溃，那就没有了奋起直追的勇气，值得庆幸的是，勇士队没有，而是在努力坚持自己的节奏，抓住时机，毫不犹豫，反败为胜。不害怕暂时的落后，这是一个反击的机会。一直领先的未必是最终的赢家，不断地受挫并不代表永恒的失败，坚持一直所坚持的，是谓不忘初心，该拼搏时亦无须畏惧，敢与强者争天下。

> 比赛一开始会让对手两局主要还是为了增加比赛的可看性。如果马上赢得比赛就太无趣了。
>
> ——斯诺克运动员 罗尼·奥沙利文［英国］

健心房

比赛暂时落后如何调整?

比分暂时落后是很多运动员曾经遇到的情境，能否处理好这一情境对于比赛的最终结果至关重要。当比分暂时落后时，我们可以从以下方面进行调整：

1.接纳现实：不管是什么原因造成了比分落后，运动员首先应该明白这已经是事实了，不要再沉浸于对失误的回忆、反思或者是对自身的自责中。要尽快走出来，将注意力放在接下来的比赛中。过去的事情已经发生，而且无法控制，也不必再去纠结。

2.寻找原因：找到比分暂时落后的原因，是自身技术问题、战术运用不当还是与队友配合不好，并根据场上情况找到最佳的解决方案。这一过程要尽量简短，其目的是尽快打好后面的比赛，而不必纠缠于如何纠正错误。

3.坚定信念：落后是暂时的，是偶然因素或某一失误所致，战局的变化往往是迅速的，对手也可能会有失误。谁能坚持到最后，谁就是胜利者。比分落后的情况下最终实现胜利大翻盘的比赛数不胜数，相信自己能够在接下来的比赛中获得成功。

4.调整情绪：在比赛规则允许的条件下，进行适当的调整，比如走下场地与教练员进行沟通、舒展身体、检查器械等，这样可以释放因为紧张而造成的能量过度聚集。

小贴士

自我效能感[3]

自我效能感是指个体对自己在特定水平下完成某一项活动的潜在能力的信念、判断或感受。心理学认为，过去的成败经验是自我效能感来源的最重要方面，如果个体以前在相同或相似任务中的成功经验较多，可能对自己能力的评价也会较高，个体自我效能感也会增强，反之，比赛的失误或者失败通常会使运动员的自我效能感显著降低。

比赛出现失误怎么办?

当比赛中出现失误的时候,运动员通常会给自己增加非常大的压力,产生自责和悔恨的情绪,甚至会产生“糟糕至极”的想法,对自己失去信心、对比赛失去希望。

冠军说

乔丹:绝不让一个失球影响整个比赛

作为团队的核心,NBA球星乔丹在自传中回忆过自己在赛场中观察其他球员的事情。一次,有位球员发誓第二天要打好比赛,但比赛开始他的第一次投篮就失败了。这时球员并没有立刻告诉自己:“没关系,我会投中第二个球的!”反而眼睛里流露出一种胆怯和迷惘,消极念头接踵而来,直至垒成一堵“恐惧墙”,最终再没有机会重拾斗志了。

乔丹说过:“丢了一个球之后会怎样呢?我以积极的心态接受这种结果,绝不让一次失球影响整个晚上的比赛。我从不让消极的念头一点点堆积,这种时候我告诉自己:‘都过去了,珍惜后面的机会!’然后,前面丢五个球,后面我会投进十个,我总是让自信贯穿比赛的始终。一个没投中,我不会担心后面的一个球可能也投不中。还没投,为什么就担心投不中呢?其实,这种消极的思想往往会成为所有人(不仅仅是运动员)一次失足后重振旗鼓的羁绊。”

健心房

失误的应对办法

比赛中,失误的出现可能与很多因素相关,如过于紧张、准备不足、害怕失误、注意力分散等。面对比赛中可能出现的失误，运动员应做到以下几点。

> 不管怎样，我也绝不允许自己有一点点心丧气。
>
> ——发明家 爱迪生［美国］

1. 做好赛前准备：全面、详细地了解和分析比赛安排及环境条件，对比赛中可能遇到的突发事件都事先考虑周全，对于比赛时出现失误如何应对也有预先准备的方案。这样，当出现问题时，运动员才能做到心中有数，而不会不知所措。

2. 正确的认识：出现失误，尤其是关键时刻出现失误时，运动员会感到可惜，或许还认为不应该出现失误。此时，生气、焦虑、伤心等没有丝毫的作用，而且还会影响到后面的比赛，甚至导致连续失误。要在平时的训练中养成正确对待失误的习惯。认识到失误仅仅是一次意外，不是正常水平的反映，不用因此而丧失自信。只有日常养成了好习惯，才不会在比赛中难以容忍自己的失误。

3. 迅速稳定情绪：失误后，应该采用一些办法尽快地稳定情绪，比如深呼吸、自我暗示、表象成功动作等，并借助于意志的力量进行调控。

4. 集中注意力：当出现失误时，很多运动员还会停留在前面的比赛中，内心还在嘀咕自己、责怪自己。此时，运动员应该立即提醒自己，将注意力从前面的比赛中回收回来，集中在下一个动作上。比如，可以通过回想赛前准备方案将注意力尽快地集中。

5. 坚定执行比赛方案：许多运动员出现失误后，就不敢坚持自己制订的比赛方案，不敢继续做动作，轻易放弃训练中练习很久的技战术动作，进行所谓的“调节”，导致准备比赛时精心制订的方案得不到执行，反而导致比赛的失利。

比赛出现意外情况时如何应对?

即使赛前进行了周密的准备,比赛时仍难免会出现一些意外情况,如比赛时间、场地、对手的临时变更,比赛器材装备的遗失或突然损坏,场上出现意外伤害事故,不可思议的技术失误等。

意外情况的发生常会打破运动员原有的心理平衡,出现注意涣散、情绪波动、思维混乱、信心下降、良好动作感觉消失等不利反应。此时,只要运动员能够采用一些恰当的应对方法,则仍能保持冷静、稳定情绪、集中注意,从容镇定地进行后续的比赛。

冠军说

洛加尼斯:意外后的完美逆转

跳水名将洛加尼斯在1988 年汉城奥运会上做反向转体入水时,头部撞到了跳板。“我在入水前听到嘭的一声,当时还在想‘那是什么声音’,”洛加尼斯说,“很快我就意识到,天哪,我撞到脑袋了!”

“我的第一想法就是尴尬。我想,‘我该怎么爬出这个泳池?’这可是奥运会啊,我应该是一个很优秀的跳水运动员才对,可是优秀的运动员是不会跳这么糟糕的。”他笑着说。

后面他利用预赛参赛人数多、每轮耗时较长的环境条件,在比赛间隙处理伤口的同时,以自己平日掌握的心理技能,主动调节自己的注意力,回忆动作要领,在脑中进行动作表象,重新恢复自信,最终顺利完成了接下来的动作,并在次日的决赛中力战群雄,夺得桂冠。

健心房

意外情况的应对办法

为有效应对比赛中意外情况的发生，需做好以下几点：

1. 清醒认识，理智面对。意外情况发生时，首要的是接受现实，避免不良情绪持续激烈地存在，尽快让自己恢复平静。

2. 保持思维合理有序。立即停止头脑中的混乱或空白状态，坚持想当前，想要领，想准备方案，想应急措施。

3. 主动进行自我调节。依据赛场条件进行心理调控，如通过静坐、深呼吸、身体活动等，使自己快速放松；通过肯定性暗示语，如"放松""镇静""稳住"等，帮助自己排除干扰，稳定情绪。

4. 回忆比赛方案，找回动作感觉。待情绪稳定后，设法回忆比赛方案要点，通过默念技术要领提示语或对动作进行表象，恢复、强化动作感觉，重新树立高质量完成技术动作的信心。

实用包

腹式呼吸放松法

1.将一只手放在胸部上方，另一只手放在腹部——让自己感受到呼吸时是用横隔膜而非胸腔肌肉；

2.用鼻子慢慢吸气，让肺充满空气，感受腹部向体外的方向扩张，放在胸部的那只手应该尽可能保持不动；

3.呼气时，让腹部向身体内部收回，将肺部所有的空气排出，再一次强调，放在胸部的那只手应该尽可能地保持不动；

4.注意：让呼吸尽可能深且缓慢。

比赛开局不利时怎么办?

比赛中运动员常会遇到开局不利、比分暂时落后的局面。此时,如果不能及时稳定心态,抑制住消极想法,则会增大后面比赛的难度,使不利局面持续下去。

> 一经打击就灰心泄气的人,永远是个失败者。
>
> ——作家 毛姆[英国]

冠军说

中国女排:永不言弃登顶奥运 女排精神闪耀雅典

赛场上,运动员们为了胜利和荣誉努力拼搏,不到最后一秒哨声吹响绝不放弃,这种精神造就了许多的经典瞬间,同时也成就了许多令人拍案叫绝的精彩逆转。 雅典奥运会女排决赛,中国队对阵俄罗斯队,决赛的前两局中国队均有得分的机会,可惜关键分失分,主攻手王丽娜状态不佳,俄罗斯队的强攻关键时刻发威,中国队以两分的微弱差距 0比2 落后。关键时刻女排姑娘们保持镇定,顶住各方的压力,盯准对手的每一处失误,将后面的比赛打得虎虎生风。第三局俄罗斯队员的体能开始下降,进攻点低了,中国队扳回一局。第四局中国队在以 21比23 落后的情况下,连得四分实现逆转。接下来,中国姑娘越战越勇,在第五局以14比12 领先拿到赛点。此时,主教练陈忠和叫了暂停,细心地教导着每一名球员，最终姑娘们夺得最后一分，赢得整场比赛的胜利。那一刻，姑娘们激动地哭了，所有队员和教练员都冲进场内紧紧相拥，二十年的等待与期盼，中国女排又圆了奥运冠军梦！

健心房

开局不利时的有效应对方法

1. 正视现实，稳定情绪。开局不利，可能由进入状态稍慢引起，也可能由对手超常发挥所致。不管缘何引起，生气、抱怨、沮丧只会干扰后面的比赛。理智的选择是快速接受现实。

2. 集中注意，专注当前。面对开局不利的局面，运动员常会将注意长时间停留在前面的比赛上，致使对后面的比赛造成很大干扰。此时，运动员需要及时提醒自己，或借助暗示语，通过表象技术动作，回想比赛方案，使注意重新集中于当前的比赛上。

3. 坚定信心，不轻言放弃。开局不利时，运动员更要坚信自己的技术，坚信事先制订的比赛方案。只要比赛还在继续，只要自己不松懈，紧紧咬住对手，落后的局面就有扭转的机会与可能。

4. 对于比赛开局不利的局面，赛前制订比赛方案时应有所准备。例如，写下自己熟悉的积极暗示语，在不利局面时提醒和鼓励自己，遏制和消除不良情绪及消极思维，如“冷静、稳住、注意动作、按方案打……”

实用包

正念呼吸

正念呼吸是一种有效缓解压力的方法，也是提高专注力的有效方式之一，此方法可以在任何场合、任何时间采用。

正念呼吸的方法很简单：首先，选一个舒适的姿势，坐着、靠着或躺着都可以；然后，将注意力集中在自己的呼吸上；接下来，我们可以利用数数的方式让自己的注意力专注在呼吸上。如每吸一口气，从一数到四；每呼一口气，从一数到四，当你掌握这一技巧后，便可将呼吸节奏放慢，吸气和呼气各数到六或是八。通过呼吸训练，你会发现：这种看似简单的方法，能够借助心理控制的呼吸技巧，有效缓解压力、维持专注。

都过去了，珍惜后面的机会！

——篮球运动员 迈克尔·乔丹［美国］

怎样合理认识逆境？

比赛逆境是指在比赛中对运动员或运动队实现比赛目标构成主要威胁的那些情境。运动员赢得比赛的过程其实也是不断应对逆境的过程。面对逆境，运动员究竟该如何认知？下面列举几种对比赛逆境应持有的合理认知：

1.逆境的出现是正常的。

2.总有一些事情发生在你最不希望的时候。

3.你认为要合在一起才能确保成功的因素总不会一起获得。

4.没有任何预定计划能在遇到强敌对手后继续执行。

5.临上场前觉得有什么没准备好，那你已经准备得太多。

6.简单的事总是难以做到的。

7.以前的成功不会如你期望般地再出现。

8.突然的精神崩溃是由微小的负面念头积累而成。

9.只有当下的适应合理，没有永久的完全合理。

故事会

变硬了的鸡蛋

一个女孩对父亲抱怨生活艰辛，处事艰难，不知该如何应对生活。

女孩的父亲是位厨师，他把女儿带进厨房，往三口锅里倒一些水，然后分别放入胡萝卜、鸡蛋和碾成粉末的咖啡豆开始煮。20分钟后，他关上火，将胡萝卜、鸡蛋和咖啡盛出。他问女儿：“亲爱的，你看见什么了？”女儿回答：“胡萝卜、鸡蛋、咖啡。”

父亲让女儿走近仔细观察这三样食物，并进行品尝。女儿发现胡萝卜变得软糯，鸡蛋煮熟后外壳坚硬，咖啡变得香气四溢。女儿问道：“爸爸，这意味着什么？”父亲对女儿说，这三样东西面临同样的困难——在开水中被煮，但它们的结果却不相同。胡萝卜入锅之前是坚硬干脆的，但进入开水之后，它变得软软糯糯。鸡蛋原来可以轻易被打碎，蛋壳保护着液体的蛋清和蛋黄，经开水一煮，它的内心变得坚固，而咖啡则不同，进入开水之后，它失去了自我之前的形态但是改变了水的状态。“你希望自己是哪一种呢？”他问女儿，“当逆境不期而遇，你该如何应对？你是胡萝卜，是鸡蛋，还是咖啡豆？”

面对逆境与困难，有人不屈不挠，勇往直前；有人驻足思索，另辟蹊径；有人不进则退，退缩不争。不同的处事方式导致不同的结果，成功或者失败，皆取决于前进道路上你的选择。

健心房

有效的逆境应对方法有哪些？

逆境应对方法包括应对策略与应对技能两个方面。

高水平运动员常用的应对策略主要包括：解决问题的应对策略；解决情绪的应对策略；回避问题的应对策略；阿Q式应对策略。其中阿Q式应对策略表现的是一种与逆境共存的思想，如“胜败乃兵家常事”“船到桥头自然直”等。高水平运动员常用的逆境应对技能主要有：唤醒水平调节、注意力集中、表象演练、自我暗示、参赛行为程序和应对策略库制定等。

上述逆境应对方法都有助于运动员缓解心理压力，但使用时需注意：尽量少采取回避问题的应对策略，而应直接面对问题。通过及时调节心理状态，改变比赛策略，寻求教练或心理专家帮助等，使问题得以解决。当然，如果问题难以立即解决（如自己或队友出现失误），也不宜纠缠于问题本身而影响后面比赛的进行。

小贴士

最佳唤醒水平[4]

根据运动倒U形理论，中等的唤醒水平更有利于比赛成绩的发挥，良性兴奋心理在某种程度上能够提升运动员的积极性，使其技术发挥达到最佳状态。通常运动员刚入场时较难进入良好的竞技状态，而有时候开局不利的局面恰恰激发了运动员的最佳唤醒状态，反而接下来产生超常的运动表现。

实用包

结合运动过程的表象训练

表象训练是在暗示语的指导下，在头脑中反复想象某种运动动作或运动情境，从而建立和巩固正确动作的动力定型，有助于加快动作的熟练和加深动作记忆，从而提高运动技能和情绪控制能力的过程。表象练习一般从自然放松五分钟的放松练习开始：

1. 活化动员，告诉自己：你已得到了充分的休息，你的头脑清醒，注意集中全身充满力量，准备投入新的工作。

2. 表象练习。如乒乓球运动员可表象站在对面的对手正在给你发球，此时应特别注意调整好引拍挥拍方向、用力程度、击球部位、重心交换、步法移动、放松和紧张的配合，以及还原动作……再如，跳高运动员可以表象自己打破个人纪录时的过杆动作；跳远运动员可以想象自己助跑和腾越的成套动作；长跑运动员可以在跑的过程中表象盖房子做算术题或想象自己是一列火车在向前奔跑等，这有助于消除肌肉酸痛和单调乏味的感觉。

注意：由于没有实物的支持，表象不如感知觉那样直观，很难长时间将注意力集中在表象上，因此表象的时间不宜太长。

这就是射击比赛，有时比的就是“9.9和10之间的差距”。

——射击运动员 张梦雪［中国］

艺术·人生

推荐电影：《挑战者姚明》

导　　演：詹姆斯·斯登

主　　演：姚明、查尔斯·巴克利、卡蒂诺·莫布里

上映时间：2004.09

电影简介：故事从姚明成为NBA状元秀谈起，沿着他抵达美国后

（扫码看电影，视频来源：爱奇艺）

前几场的低迷状态、到斯台普斯中心的爆发、巴克利吻驴屁股、成为广告明星、汤姆贾诺维奇生病、火箭无缘季后赛层层推进，大量姚明与翻译科林赛场下的对话和赛场外的生活穿插在这些主要事件之间。

推荐理由：电影中的姚明并不是天生的英雄，他是通过努力和坚持成为强者。这部电影告诉我们生活中每个人都会遇到逆境，唯有努力与拼搏，慢慢调整自己的状态，才能走出逆境走向成功。

名人名言

困难是欺软怕硬的。你越畏惧它，它越威吓你。你越不将它放在眼里，它越对你表示恭顺。

——作家 宣永光[中国]

不因幸运而故步自封，不因厄运而一蹶不振。真正的强者，善于从顺境中找到阴影，从逆境中找到光亮，时时校准自己前进的目标。

——戏剧家 易卜生[挪威]

“别紧张，放松些，别让生活太难。”我经常跟好朋友“老虎”伍兹说起这些。学会以高境界的态度看待生活中的喜怒哀乐，这也不失为一种超脱。我认为，年轻的球员们更应学会“为现在而生活”，让生活自然发展。遇见困难和挫折，别纳闷，你就可以这么大能耐，不必苛求生活中原本就子虚乌有的那份“完美”。你还要学会体验过程，如果不知道享受获得成功的历程，那将来的成功就不会显得那般美妙了。

——篮球运动员 迈克尔·乔丹[美国]

参考文献

[1] 原黎君,唐景丽.大学生篮球运动员应激比赛情境与运动成绩相关性研究[J].武汉体育学院学报,2017,51(02):69-73.

[2] 李洋,张力为,张连成.挑战—威胁状态理论与运动员竞赛中的自我控制[J].心理科学进展,2013,21(09):1696-1710.

[3] 张力为.解释比赛"Choking"的新视角:心智游移理论[J].体育科学,2017,37(02):37-46.

[4] 张力为,毛志雄.运动心理学[M].上海:华东师范大学出版社,2003.

主题五

压力应对

压力随时都会有，不管是发生什么事情，压力总在这。如果我说没压力，那不可能，那是‘死要面子活受罪’。我感觉关键的时候，你有这么一个机会，有这样一个险境，唯一的办法就是置之死地而后生。

——篮球运动员 姚明［中国］

赛前为什么会失眠?

运动员在重大比赛前常会遇到睡眠不好的问题,如入睡困难、过早醒来等。睡眠不好主要由以下原因造成。

1. 生理原因:如因为生病、生理周期等引起的身体不适,进食刺激性食物如辣椒,饮用刺激性饮料如浓茶,因时差导致作息规律被打破等。

2. 环境因素:如温度过高、湿度过大,入住周围环境过于嘈杂,房间光线太强等。尤其是出国比赛,因为生活环境的变化,容易导致睡眠不好。

3. 心理因素:比赛之前,运动员可能会因为对比赛结果不确定而思考过度,或因为自信心不足感觉难以掌控比赛,或者是因为面临重大比赛而过度兴奋等,上述因素都会导致睡眠不好。

冠军说

李晓霞:担忧引起的失眠

2014年,李晓霞作为中国乒乓球女队的队长与队友一起备战东京世乒赛决赛。赛前她的睡眠状况出现了问题,她说:"大赛决赛前夜,我都会失眠。第二天中午,李隼教练让我眯一会,我躺在床上还是翻来覆去睡不着。"当谈及失眠原因时,她说:"我并未担忧女队的实力,相反,我对球队充满信心。我主要是对自己担忧,怕自己输了会影响队友。"赛前,为了排解压力,李晓霞与主管教练李隼"狂说话"两小时,"我告诉教练我害怕什么,渴望什么,说出自己最怕的东西,在赛场上就能坦然面对输赢了。"李晓霞说。经过激烈的角逐,中国女队最终3比0完胜东道主日本队，蝉联女团冠军。

小贴士

失眠

《美国精神障碍诊断与统计手册（第四版）》（DSM-Ⅳ）将失眠定义为难以入睡、睡眠维持困难、早醒及醒后不清醒感，且伴有明显的日间功能障碍。失眠可引起负性情绪，如烦躁焦虑、惊悸不安、郁闷不舒、思虑过度、精神萎靡等。运动员仅在大赛前出现的失眠现象属于急性失眠，多源于负性生活事件的诱发，如重大事件的临近或大的情绪波动等。

健心房

如何应对赛前睡眠不好？

1. 睡眠先睡心。俗话说："要睡眠先睡心"，心情平静不下来，又如何能睡得了觉呢？所以，睡眠时首先要做到心平气和，学会考虑并接受最坏的结果，顺其自然。可以告诫自己："能睡着就睡，即使睡不着也没有关系的。"不要因睡眠不好而情绪波动或焦虑，在睡眠不好的情况下照样做事，睡眠自然就会变好。

2. 做重复性活动。重复性活动能够抑制过度活跃的思绪，使大脑产生疲倦，很自然地会进入睡眠状态。

3. 想象美好的事物。将注

意力集中于对美好事物的回忆，如想象自己做得最成功的一件事情，或自己最喜欢的一个场景，想象的过程能够让运动员放松心情。

4. 听舒缓的音乐。音乐对人体生理功能有显著影响。音乐的节奏、旋律、音色、速度、力度等都可以改变运动员的情绪。舒缓的民乐、轻音乐可以使情绪稳定、放松、安静，消除不安和烦躁的情绪，从而安心入眠。

5. 按常规时间睡眠。比赛来临时，很多运动员改变睡眠习惯，比如睡眠时间提前，或者改变睡前常规活动，或者对于睡眠提出高要求等。这些改变常规的做法，破坏了运动员平时养成的睡眠习惯。实际上，人的潜能是很大的，偶尔的一次睡眠不好，并不一定会对比赛造成不利影响，所以运动员平时养成适应比赛节奏的睡眠习惯非常重要，同时在比赛期间，不要轻易更改自己的睡眠习惯。

6. 借助营养品和科学仪器。比赛期间，运动员中枢兴奋水平高，容易造成睡眠不好，可以适当服用褪黑素等营养品，促进睡眠质量的提高。也可以使用生物反馈类仪器，比如微电流刺激仪、低温冷冻的仪器设备，降低运动员中枢神经兴奋性，提高睡眠质量。

实用包

白噪音助睡眠[1]

白噪音，是一种类似于大自然中的下雨声，或者像海浪拍打岩石的声音，再或者像是风吹过树叶的沙沙声。有研究表明，这种声音对睡眠障碍的人群可以起到一定的治疗作用，是一种“和谐”的治疗声音。当然，白噪音并非适合所有的人，也有人感觉“白噪音”听上去有些刺耳。

（扫码听音乐，音频来源：酷狗音乐）

压力对运动员表现有哪些消极影响？

压力无处不在，作为运动员除了要经历生活压力之外，还需面对比赛带来的重大压力。竞赛心理压力是指在运动竞赛情境中，运动员受到威胁性竞赛目标的刺激而产生的一系列主观体验。适度的压力是一种愉快、满意的体验，是一种挑战，有利于竞技水平的发挥。压力的消极影响主要是针对过度压力而言。过度的压力会使个体产生不良反应，使人体过度消耗潜在的能量储备，使调节功能发生紊乱，从而影响竞技水平的发挥。具体来看，压力的消极影响主要体现在以下方面。

1. 生理上：压力过大会导致人体交感神经系统整体被激活，使肌体处于紧张和警觉状态，肌体释放的能量被抑制并积聚在体内，内脏器官也会出现过度反应。

2. 认知上：感知觉能力降低、记忆力减弱、注意力不集中、范围缩小、难以保持聚精会神，组织和长远规划能力减退、错觉和思维混乱增加。

3. 情绪情感上：情绪不稳定，紧张、悲观、无助等消极心理增加。

4. 行为上：语言问题增加、兴趣和热情减少、精力不足、睡眠紊乱、失眠等。另外，运动员在比赛场上可能会刻意关注自身动作的细节和结果，这样反而会破坏成熟技术动作的流畅性，降低动作的完成质量。

故事会

不徒增烦恼，才会快乐

有一个民间故事，讲的是关于一个贫困的铁匠。铁匠一直非常担心："如果我生病了不能工作怎么办？""如果我挣的钱不够花了怎么办？"结果一连串的担心像沉重的石头压得他喘不过气来，使他茶饭不思，忧心忡忡。

有一天铁匠上街买东西，突然昏倒在路边，恰好有个医生路过，医生了解了情况后十分同情他，就送了他一条金项链，并对他说："不到万不得已，不要卖掉它。"铁匠高兴地拿着金项链回家了。从此以后，他时常想着这条项链，并自我安慰道："如果实在没钱了，我还有一条金项链。"这样他白天踏实工作，晚上安心睡觉，逐渐恢复了健康。后来经过铁匠的努力，日子逐渐富足了。有一次他把那条金项链拿到首饰店里估价，老板告诉他这条项链是铜的，只值一元钱。铁匠才恍然大悟："医生给我的不是一条项链，而是一条出路！"

从这则民间故事中，我们可以领悟出这样一则道理，不要杞人忧天，过度担忧，只需做好现在的事。

健心房

如何应对压力过大？

虽适度压力对运动员的训练与比赛可产生积极的促进作用，但如果压力过大，且缺乏有效的应对，则会使运动员产生一系列不良的身心反应，进而影响技战术的发挥。当感受到过大的比赛压力时，可尝试以下方法：

1.使用常用的心理调节方法，如渐进放松、注意力集中、表象演练、自我暗示等，调节自己的心理状态，减小各种压力源可能带来的不利影响。

2.借助生物反馈仪等仪器设备，通过训练学会对自己的身心活动（如呼吸、心跳频率等）进行监测和调控，进而达到放松、注意集中的效果。

3.使用音乐调节方法，不仅可以改善运动员的情绪状态，还可对其大脑皮层的激活状态产生影响，明显改变其呼吸、心率等生理活动，进而发挥缓解心理压力的作用。

4.依靠社会支持系统，如借助教练员的科学指导，家人、朋友的理性关怀，以及心理、医务专家的科学帮助，使承担奥运等重要比赛任务的运动员避免承受过大的心理压力，并使压力得以有效控制或缓解。

5.为了有效应对压力，运动员需要通过不断的学习来提高个人训练、比赛和社交方面的相关技能，发展自己解决问题的策略和能力，建立和完善强大的社会支持系统，从而实现对生活、训练、比赛中各种压力的有效应对。

思想上的压力，甚至肉体上的痛苦都可能成为精神上的兴奋剂。

——经济学家 贝弗里奇［英国］

实用包

渐进式肌肉放松训练 [2]

（步骤来源：360 网页）

渐进式放松训练是指一种配合暗示与集中注意调节呼吸的、逐渐的、有序的、使肌肉先紧张后放松的训练方法。“渐进”强调放松要循序渐进地进行，要求在放松之前先使肌肉收缩，继而进行放松。如先使某部分肌肉紧张，保持5~7秒，注意肌肉紧张时所产生的感觉，紧接着很快地使紧张的肌肉彻底放松，并细心体察放松时肌肉有什么感觉。同时还要求在放松训练时，自上而下有顺序地进行，放松一部分肌肉之后再放松另外一部分，“渐进”而行。大量研究表明，渐进式放松训练可以有效地减轻或消除人们的身体和心理方面的紧张状态，降低人们的压力和焦虑水平。

具体放松方法，可扫描二维码，根据指导语进行练习。

小贴士

适度压力 [2]

根据成就动机理论，只有当个体对成功概率的估计值为+0.5，即设定的目标为中等难度，使其感受到中等程度的压力，才能更有效地激活或唤醒其心理活动，激发成就动机，进而提高运动效率和成绩；其次，判断压力程度要看压力感受是否在自己可控的范围之内，即能否有效应对；最后，要看压力源是否对个体的需要和动机构成威胁。

压力的作用总是不利的吗?

运动员赛前常感觉压力过大,担心会妨碍比赛发挥。其实,压力本身不可怕,重要的是如何认识压力,如何应对压力。

竞技运动的对抗性使得运动员的成长始终与压力为伴。著名篮球运动员科比·布莱恩特说过:“压力、挑战,这一切看似消极的东西都是我能够取得成功的催化剂。”所以,压力并非总是不利,对于运动情境下的各种压力,如果能够做到合理认知,则压力可转化为动力。运动员可通过设置具有挑战性的目标来激发自己的潜力,通过“比”“拼”摆脱自我设限,离开舒适区,实现更大的提升与更好的发挥。

我要成为奥运会冠军,为了这个梦想再苦也要坚持。

——游泳运动员 叶诗文[中国]

故事会

压力让巨轮在负重时有根基

一艘40万吨的巨轮经过马六甲海峡返航。一天夜里,突然刮起了飓风,11级的风暴让巨轮如同漂浮在海面上的一片叶子,

水手们惊慌失措。“打开货舱，往船体内注水！”听到船长的命令，水手们不敢相信——船长疯了吗？这样只会使船沉得更快，巨轮就会被涌入的海水吞噬掉。“还不按命令去做！”船长的声音坚定而清晰。巨轮随着注入的海水缓慢下沉，无边无尽的黑夜侵蚀着水手们颤抖的心……然而，10 分钟以后，巨轮突然变得平稳起来，风暴对船体的威胁渐渐地减小了。

原来，巨轮在增加负重后，同时也增加了自身的重量，平稳了重心，这样才不会被打翻，而没有任何压力的空船才是最危险的。

压力是一种挑战，一种乐趣，会刺激你的肾上腺素，让你更专注。我喜欢去享受压力，并战胜压力。

——高尔夫球运动员 泰格·伍兹［美国］

健心房

压力应对的有效方法

1. 积极面对压力：日常训练及比赛中，要培养运动员迎着压力而上，伴着压力成长的意识和能力。不要奢望压力会减少，生活中不会一帆风顺，应该积极面对压力。

2. 提高抗压能力：不断提高运动员承受压力的能力是运动员适应大赛压力的根本保障。平时训练中，教练员可以使运动员在不断接受压力刺激的过程中，产生生物适应，从而提高适应大赛环境和承受大赛压力的能力。同时，积极理解和认识来自于周围环境、亲人们的过高期望，将对比赛结果的过高期望所带来的压力转变为动力。

3. 减少压力来源：大赛前，运动员的心理会非常敏感，某些微小的因素变化，都可能引起运动员心理的剧烈震荡，因此应该对运动员实行信息回避，比如让运动员不要打听比赛信息、不去看成绩、休息间隙戴上耳机或闭目养神，尽量少接触外界刺激，减少压力的外在信息来源。另外，引导运动员降低对比赛结果的期望、减少对不确定性的思考、不去想无法控制的因素等，减少内心杂念的干扰。

4. 适当宣泄：压力之下，运动员会产生消极的情绪体验。控制和调节情绪最好的方法是以适当的方式及时地和充分地宣泄内心的痛苦、忧愁、委屈等。比如写日记、找合适的人倾诉、哭泣等。

5. 建立社会支持网络：社会支持可以使运动员体验到被爱、被关心、被尊重以及被接纳。运动员得到的社会支持越多，越能更好地缓解压力。教练员可以给予技术上的指导与针对性的建议，队友可以给予精神上的鼓励，家人朋友的理解能让运动员心里更踏实，领导的切实关照可以解决运动员的后顾之忧，而媒体则会为运动员创造积极宽松的社会舆论氛围。

6. 掌握减压小技巧：采用渐进式或自生式进行放松，采用积极的自我谈话、表象训练、回忆美好的事物或比赛成功的场景、自我暗示、深呼吸等心理技巧给自己减压。

实用包

史莱姆泥减压视频

史莱姆泥是目前社会上一种比较流行的减压玩具，它形似橡皮泥，但是其材质不同，样式也更加多变。由于现代社会整体压力比

（扫码看视频，视频来源：腾讯视频）

较大，人们迫切需要一些放松减压的渠道，因此开发了许多减压玩具，史莱姆泥就是其中之一。

通过揉捏史莱姆泥可以使人们的心理能量得到宣泄，从而发泄情绪。另外，史莱姆泥质量轻、手感柔软、可塑性强、无色无味、不粘手、又可以随身携带，所以深受许多成年人的喜爱。

艺术·人生

推荐图书：《越压越有力》

作　　者：李宏飞

出 版 社：龙门书局

出版时间：2012.05

内容简介：本书针对生活中出现的各种压力以及消极状态进行阐述，并以摆正心态、享受快乐为目的，通过对于调整心态、对生活充满激情、建立和谐的人际关系、化压力为动力、保持事业与生活的平衡等多个角度，深度解析怎样从“忍受”工作和生活的压力，转化为“享受”工作和生活。

推荐理由：“不幸，在强者看来就是垫脚石，在弱者看来却是绊脚石。谁要是害怕走崎岖的山路，谁就永远留在山脚下。”作为运动员，面对竞争的压力，我们更需要心理调节，稳定心态才会更强大。书中鲜活的案例、独到的分析、温馨的建议及精辟的总结构成一系列亮点，值得阅读。

名人名言

任何一种处境，无论是好是坏，都受到我们对待处境态度的影响。

——哲学家 西尼加[古罗马]

让自己的内心藏着一条巨龙，既是一种苦刑，也是一种乐趣。

——作家 雨果[法国]

缺乏信心并不是因为出现了困难，而出现困难倒是因为缺乏信心。

——政治家 塞内加[古罗马]

参考文献

[1] 邵乐文，黄丽华.白噪音对ICU患者睡眠质量的影响[J].中华危重症医学杂志，2018，11(04)：286-288.

[2] 张力为，毛志雄.运动心理学[M].上海：华东师范大学出版社，2003.

没有高压，石油不会自己冒出来，压力会成为动力。

——作家 胡辛[中国]

主题六 心理疲劳

只要你有恒心，愿意把时间和精力花在上面，没有什么事是达不成的。

——游泳运动员 菲尔普斯【美国】

什么叫心理疲劳?

运动训练会给运动员带来两种疲劳:生理疲劳和心理疲劳。生理疲劳的表现是想干但干不动,如跑3000米到最后冲刺时的精疲力竭;心理疲劳的表现则是能干却不想干,如休息了两天仍然不想进训练馆(一想训练就头疼)。心理疲劳有三个重要标志:①情绪和体力的耗竭感;②成就感的下降;③对运动训练的消极评价。心理疲劳有两个消极结果:厌倦训练和运动寿命缩短。研究表明:运动员有时、经常或总是出现厌倦训练症状的百分比为84%;心理疲劳常见于长时间大负荷训练的中后期(42%),封闭性训练阶段(35%)和重大比赛前、后(33%)[1]。

冠军说

天津女排:老将新兵各有侧重

为迎接2016年6月举行的全国女排冠军赛,天津女排提前3个多月就进入赛前备战阶段。主教练王宝泉在之前的全国联赛中发现年轻运动员基础技术不够扎实,因此在备战中深耕年轻队员的基本功,意在打造人才梯队。与此同时,对于陈丽怡、殷娜、张晓婷、李莹等老将来说,可以利用这段时间缓解压力,恢复体能,为下一阶段的比赛做充足储备。

王宝泉在接受采访时曾表示:持续近3个月的全国联赛使得全队压力较大、身心疲惫,特别是老运动员,这导致休赛期生病的队员也比较多,陈丽怡感冒发烧,殷娜旧伤复发。教练就给这些队员一些假期，让她们尽快把身心调整好，早日归队参加备战。

小贴士

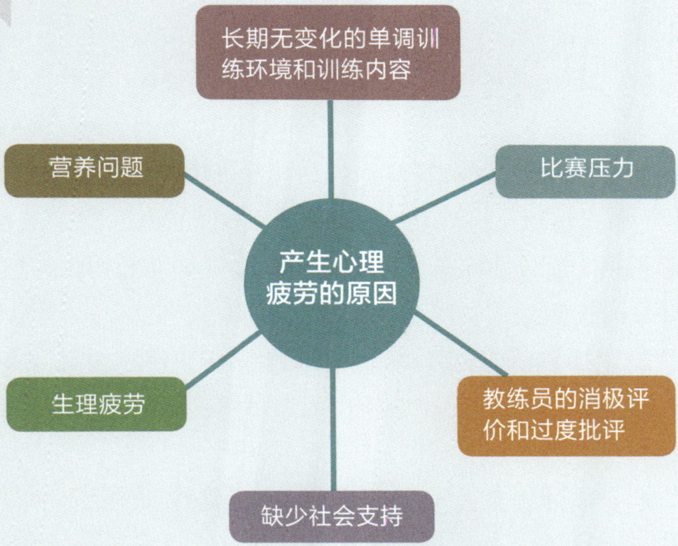

健心房

如何控制心理疲劳？

控制心理疲劳的主要方法包括以下9种。

1.系统监测：系统监测是早期干预的前提。可利用包含15个题目的《运动员心理疲劳问卷》（ABQ）进行监测，也可以利用包含40个题目的《简式心境状态量表》（POMS）进行监测。

一旦放弃了，比赛就那样结束了。

——日本漫画《灌篮高手》

2.自主决策：教练员应为运动员提供尽可能多的自主决策的机会（如让运动员决定耐力训练是长跑还是游泳，决定准备活动是采用第一套方案还是第二套方案），增强运动员的自控感，减少运动员的被练感。

3.变换训练方式：如变换准备活动的音乐、身体训练的内容、技术训练的形式、训练场地的布置等，以缓解训练的单调和枯燥。

4.变换休息方式：应当鼓励运动员发展训练以外的兴趣和爱好，鼓励他们在休息时间投入自己喜欢的课余活动（如读书、编织、上网等）。同时，也需要经常性地组织一些有益身心健康的集体休闲活动（如拓展训练活动），以丰富运动员的业余生活，防止运动员由于过度关注训练、比赛所造成的心理疲劳。

5.增加社会支持：送运动员生日贺卡，在他们失败、困难、伤病时给予更多关注，给他们的父母打电话问候等，均有助于使运动员感受到教练的关注、集体的温暖，减轻心理疲劳感。

6.设置短期目标：训练和比赛的短期目标容易使运动员更快得到积极反馈，进而维持对训练的兴趣及提高自信。因此，应当帮助运动员设置多样化的短期目标，包括技术训练目标、身体训练目标、心理训练目标、伤病恢复目标等。这些目标应可操作，可检验，时间短（如每天的目标、每周的目标等）。

7.诚心悦纳自我：接受自己的优点与缺点，接受自己的成功与失败，保持乐观豁达的态度，有助于以良好心态应对困难，保持自信，减轻心理疲劳的感受。

8.注意营养补充：一些食品中的营养物质（如香蕉）有助于控制心理疲劳。吃黑芝麻、核桃仁、瓜子仁，或者吃巧克力等可提高色氨酸利用率，保持5-HT的正常水平（提高则产生抑郁），提高抗抑郁的能力。

9.放松练习：系统的放松练习有助于降低神经系统的兴奋性，使肌肉和中枢神经系统得到充分放松。放松练习中经常使用的腹式呼吸有助于改善植物性神经系统的功能，缓解由于高压力、长期单调生活以及大训练负荷带来的身心不适。

实用包

如何监测心理疲劳？

可利用《运动员心理疲劳问卷》（ABQ）进行监测。该问卷共15个题目，5分钟内可以填写完毕。测验分数涉及3个不同方面：情绪和体力的耗竭感、成就感的下降、对运动训练的消极评价。也可以利用《简式心境状态量表》（POMS）进行监测。该问卷有40个题目，测验分数涉及7个不同方面：紧张、愤怒、疲劳、抑郁、慌乱、精力、自尊。

上述两个问卷可用于不同运动员之间的横向比较，也可用于一个运动员不同时间的自身对照，还可以用于不同运动员心理疲劳变化情况的比较。但是，由于可能产生社会赞许效应，这两个问卷不可用于选拔情境。

艺术·人生

推荐图书:《累从何来——别把心理疲劳不当回事》

作　　者:晓光

出 版 社:中国华侨出版社

出版时间:2014.11

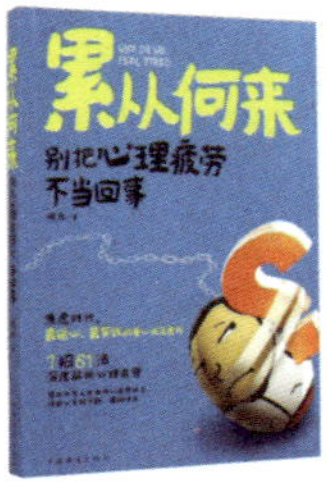

内容简介:随着社会的发展,人们的生活节奏越来越快,来自工作和生活的巨大压力使得越来越多的人处于心理疲劳的状态,这些人的身心健康和生活质量也受到了巨大的影响,因此心理疲劳问题受到公众的关注。该书以心理疲劳为主轴,帮助读者辨别疲劳的表现形式,分析疲劳产生的原因,根据其引发的后果提出贴近实际、满足需要、便于操作的“妙招”。

推荐理由:残酷的竞争给运动员带来的不仅仅是难以摆脱的身体疲劳,长期面对比赛带来的巨大压力,心理疲劳的产生也在所难免。本书可以帮助运动员更加清晰地认识到心理疲劳的表现形式、产生原因、解决办法,一步步走出心理疲劳状态,找回训练的激情、比赛的斗志,突破自己,再创辉煌!

名人名言

经得起各种诱惑和烦恼的考验,才算达到了最完美的心灵健康。

——哲学家 培根[英国]

对具有高度自觉与深邃透彻的心灵的人来说，痛苦与烦恼是他必备的气质。

——作家 陀思妥耶夫斯基[俄国]

参考文献

[1] 林岭.运动性心理疲劳的概念模型、多维评定、影响因素及干预措施[D].北京：北京体育大学，2006.

主题七

注意控制

在竞赛场上我已经学会了如何斩断所有无关比赛的思绪。我只是专注于比赛，我会把注意力集中在跑道、弯道、跑以及我必须要做的事情上。现场的观众和其他对手在我眼前似乎都不存在，赛场上只有我和跑道。

——田径运动员 迈克尔·约翰逊［美国］

比赛中的信息回避为什么重要？

心理学研究表明，有特殊焦虑症或恐怖症的人，往往对引起焦虑和恐惧的特殊刺激极其敏感，有注意偏向。例如，有蜘蛛恐怖症的人，总是将注意指向蜘蛛和与蜘蛛相关的刺激。这种现象提醒我们，将注意指向有害刺激，是产生焦虑和恐惧的原因。同理，将注意指向与自己比赛无关的信息尤其是消极比赛信息，也是运动员产生过度的赛前紧张和注意不集中的原因。因此，要想控制赛前情绪包括赛前紧张，有必要屏蔽一些与自己比赛无关的信息，例如飞碟射击比赛中前一轮的排名情况，他人的靶数，媒体的报道尤其是关于自己个人的报道，或者他人对自己的评论，等等。这种主动的信息屏蔽有助于使自己保持心静如水的情绪状态，以不变应万变。

小贴士

信息回避

信息回避，是指运动员在教练的指导下，有目的、有针对性地对在比赛前和比赛中已经出现或可能出现的干扰信息进行有意识的回避。

故事会

心无外物，才能专注

有一个身无一技之长的老人，他只会用粘杆去粘蝉。但是他粘

蝉的本事已经到了出神入化的地步，使用粘杆就像用手一般灵活。有一次圣人孔子经过，见到老人粘蝉感到十分好奇，就问："您粘蝉的本领是怎么学的呢？"老人说道："我练习的时候，在粘杆头上放弹丸，从两个放到五个，保持它们不掉下来，这样本领就练成了。我粘蝉的时候，身子静止不动，像石头一样，手拿着粘杆，像树枝一样。虽然周围万物纷纭，但我眼中只有蝉，我不因其他事物而影响我对蝉的注意，怎么会粘不到呢？"

做自己该做的，把结果交给命运，让命运安排吧。

——击剑运动员 叶冲［中国］

健心房

比赛时杂念多怎么办？

参加比赛，保持内心纯净，专注比赛过程，这一点至关重要。但赛前或赛中运动员头脑中常会出现一些对比赛不利的想法，或曰"杂念"。其中，多数杂念与比赛结果或输赢有关，如"发挥不好怎么办""出现失误怎么办""注意不集中怎么办""头脑空白怎么办"，等等。

对比赛结果产生种种想法是正常的。如果杂念并未影响到赛前准备(包括训练、睡眠、饮食等)或比赛发挥,则无须对此过于关注,因强行去除杂念想法本身会催生新的杂念。如果杂念影响到了赛前准备及比赛发挥,可尝试采取以下措施:

1.转变认知,接纳比赛中的很多因素不在你的控制范围内,如对手、观众、裁判,甚至场地、天气等,你能控制的只是你自己。不去关注个人无法控制和改变的事情,把注意和思维指向如何更好地完成技术与战术,如何更好地控制自己的情绪与行为。

2.弱化比赛重要性,教练等不应给运动员过多的奖励与奖金许诺,不要过多谈及比赛结果及其对运动员未来前途与生活的影响,短期内对媒体和亲友等也可采取信息阻断措施,避免他人对比赛的看法影响到运动员。

3.制定赛前行为程序,赛前把运动员的各种活动安排得合理、丰富、充实。这样不仅能够调节好他们的生活,安排好他们的时间,而且有利于稳定他们的情绪,减少对比赛结果的思虑。

实用包

视觉的“紧张—放松”训练[1]

当在运动场上出现注意力漂移的时候,可以通过一些小方法集中注意。比如通过远近视觉交替的方式,让我们将注意力集中到体会眼睛肌肉的紧张以及放松的感觉,以此排除杂念,使注意力重新集中。

具体练习方法:把拇指竖起,手臂伸直,要求集中注意凝视在拇指甲上(狭窄的外部注意),然后又转移注意力于四周的景物上(广阔的外部注意),最后又回到拇指上,这样反复几次,直到注意力回收。

比赛中如何应对外部干扰?

比赛中,运动员常会受到一些来自外部环境的干扰而使比赛发挥受到影响,如来自双方观众的呐喊助威声,一些不符合赛场礼仪、秩序要求甚至不友好的行为,裁判员的不当判罚,等等。虽然外部因素的出现难以控制,但运动员还是可通过有效应对,使比赛成绩较少或不受它们的不良影响。

健心房

受到观众赛场行为干扰的应对策略

应对观众可能带来的干扰,可做好以下几点:

1. 理性接受。观众期望本土选手、自己喜欢的运动队取胜是人之常情。所以,面对观众的不当言辞或声音,甚至少数观众的过激行为,运动员应理性认可,保持平常心。

2. 提前适应。赛前训练中应有意设定赛场氛围,如安排观众故意发出呐喊声,或用语言或其他方式刺激运动员等,以此提高运动员比赛中对观众行为的适应性。

3. 专注比赛。观众的行为难以控制与改变,运动员最好的策略是集中注意于当前比赛,执行好自己的技术动作,这也是运动员有能力控制并可以做到的。

4. 积极自我暗示。暗示自己"我可以控制我自己;我可以按计划完成好我的动作和比赛;观众喊声是在为我加油……"

5. 有"礼"有"节"。用自己的文明举止、精湛技术、拼搏精神、优异成绩和完美人格去影响观众,感染观众,征服观众,征服对手。

对于裁判的错判、漏判、判罚尺度宽严不一等不当行为，应对原则同上。裁判的行为属难以控制和改变的外部因素，运动员应从有益自身角度出发，平稳情绪，专注比赛。

小贴士

自我暗示[2]

在心里告诉自己：观众的眼睛是雪亮的，舆论的力量是很强大的，有意的判罚不公“吹黑哨”等行为终究会被揭穿。随后，及时调整心态，以一种高姿态包容接纳，继续积极面对比赛。

如果有一亿个人爱我，又有一亿个人恨我的话，我愿意用行动来报答前者，说服后者。

——篮球运动员 阿伦·艾弗森［美国］

感到裁判判罚不公平，如何应对？

各类体育项目都可能有不同程度的对于判罚公平性的质疑和裁判误判的发生。一旦这种情况发生，运动员应注意以下5个方面。

1. 接受现实：比赛时，绝大部分项目几乎不能改变已成分数，如射击、体操、跳水等。此类项目的教练员在平时训练中要引导运动员形成习惯，不关注已经产生的分数或判罚，关注下一个动作、下一枪、下一套成套动作等。在计划和总结中应减少与运动员过多地讨论与判罚不公有关的问题，引导运动员对成功和失败进行内归因，即从自己的能力和努力上探寻原因。

2. 合理利用规则：部分项目的运动员可以在比赛过程中进行申诉，如网球、篮球等。此类项目应提示运动员，如出现误判或认为是误判的问题，要及时向裁判指出问题，态度要平和，为自己和队友调节情绪赢得时间，是“真调节，假辩解”。指出后即便裁判没有改判，也尽快进入比赛，不要使比赛中断过长的时间。

3. 理解裁判：裁判也是人，执裁时也会紧张，也有走神的时候，你要相信裁判内心深处是代表公正公平的，即便有些裁判存在恶意，那更不能“对方挖坑儿自己跳”，一定要保持良好情绪状态。

4. 放宽底限：很多有经验的运动员和教练员经常对裁判的误判设定底限，如果出现两次误判，就不能接受了。这时，你可以适当放宽底限，比如三次、四次误判，其实要明确裁判是不可控因素,不论你接不接受,都很难改变,要及时调整注意力到可以控制的因素上。

5. 模拟训练,提高适应性:赛前训练中,可以有意识地设置裁判员误判的场景,让运动员感受被误判时自身的反应,了解自身的感受,这样当比赛中真正遇到类似情境时,能够更好地应对,而不至于做出过激的反应。

此外,无论赛前还是赛后,教练员和运动员在各种场合遇到裁判和官员时要有礼貌,主动问好,展现良好的礼仪和精神风貌。

冠军说

朱雨玲:不要让误判干扰到最后的胜利

在2017 年乒乓球女子世界杯决赛上,中国选手朱雨玲与同门师姐刘诗雯就第五局最后一球是否压线产生异议。当时两人的大比分为 2比2平局,所以第五局非常关键,谁能得分,谁就能在后面的比赛中抢占先机,给对手造成一定的心理压力。最终裁判判定朱雨玲失分。面对这种情况,朱雨玲心中虽有异议,但仍表明服从裁判的判决。在接下来的两局比赛中,她摆正自己的心态,将注意力集中在接下来的比赛上,而不再纠结之前的比分。最后以 4比3 的优势战胜师姐刘诗雯,获得了自己人生的第一块单打世界金牌。

实用包

测一测:我是容易受外界干扰的人吗?[3]

推荐测试:奈德弗(Nideffer)《注意方式测验》或《注意及人

际行为类型测验》(Test of Attentional and Interpersonal Style, 简称TAIS)。该量表共6个分量表,每个分量表2个题目,一共12个题目。题目按5个等级做出选择:从不(0分);很少(1分);有时(2分);常常(3分);总是(4分)。把各分量表的两个题目得分相加,得到6个分量表的分数后,分别将它们点在常模图的相应位置上,就能得到我们的注意类型剖面图。

得分解释如下:广阔性外界注意分数高表示适应所处环境及其变化的能力强;干扰性外界注意分数越高,表示越容易受外界无关刺激而分散注意,导致出错;广阔性内部注意得分越高表示注意和分析能力越强;干扰性内部注意分数高,倾向于常被自己的思想和感情干扰而陷入混乱;集中性注意分数高表示集中注意和抗干扰能力强;狭窄性注意分数越高表示注意倾向于范围过窄,容易遗漏有关信息。

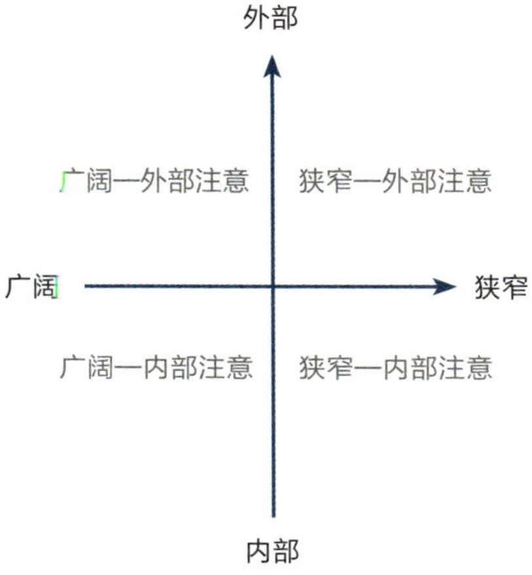

奈德弗4种注意类型

无论做什么事,都要用全部的精力和集中的注意力。

——生物学家 达尔文[英国]

关键时刻想法太多，怎么办？

关键时刻的想法太多经常是由于“不知所措”：面对比赛的情境，接收到过多的信息，难以进行处理而引发了注意力集中程度下降，范围变广，因而可能引发决策困难等。

要解决关键时刻想法多的问题，从根本上是要在平日养成做比赛预案的习惯，并在平时的比赛中演练思维程序。条件允许的情况下，初期教练员可以要求运动员进行出声思考，即将自己所思考的内容进行口头汇报，来帮助运动员进行关键时刻的思维专注训练。

故事会

楚王射箭

春秋时候，楚国有一人名叫养叔，擅长射箭，不仅可以百步穿杨而且百发百中。楚王佩服养叔的射箭本领，就请教养叔，养叔把射箭的技巧倾囊相授。楚王经过练习，渐渐得心应手，就邀请养叔外出打猎。打猎时楚王叫人把躲在芦苇丛里的野鸭子赶出来。野鸭子振翅飞出。楚王弯弓搭箭，正要射箭时，忽然从他的左边跳出一只山羊。楚王心想：一箭射死山羊，比射中一只野鸭子更有价值。于是楚王把箭头对准了山羊，准备射它。可是正在此时，右边突然又跳出一只梅花鹿。楚王又想：若是射中罕见的梅花鹿，价值比山羊又高出了许多。于是楚王又把箭头对准了梅花鹿。忽然一声惊呼，原来空中一只珍贵的苍鹰振翅而飞。楚王又觉得还是苍鹰更好。可是当他正要瞄准苍鹰时，苍鹰已迅速地飞走了。楚王只好回头来射梅花鹿，可是梅花鹿也逃走了。再回头去找山羊，山羊也不见了，连最开始的那一群鸭子都飞得不知所踪了。楚王拿着弓箭比画了半天，结果连箭都没有射出去。

小贴士

思维阻断[3]

当消极思想进入运动员的意识中时，必须被消除或者被积极思想所替代。停止消极思想，并被积极思想替代的过程，称为思维阻断。

健心房

在比赛关键时刻出现过多想法，如何解决？

1. 思维阻断法：通过大吼一声或用力拍击大腿等方法，阻断自己正在进行的思维，并迅速选择一个目标重新集中注意。

2. 默念提示词：想法过多时，结合自身特点和动作要领及技术风格，为自己选择更具体可操作的注意力目标和提示词，如盯紧球、看器械、数走板节奏等。

3. 利用规则，及时求助：运动员比赛关键时刻，想法很多，属于正常现象，很多运动员处于面子和自尊心等原因，仅靠自己解决，往往效果不理想，故如果比赛规则允许，在自己不能有效解决的情况下，可以通过暂停、擦汗、治疗等方法，及时和教练员交流真实想法，通过合理宣泄，接受指导等方式方法，释放多余想法，进行自我调节和接受他人调节。

如何将注意集中在比赛上?

比赛过程中注意不集中,可能有如下原因:一是想着已经过去的事情,如前面的一分,刚才的失误等;二是过于紧张,大脑出现空白;三是出现了消极的想法。对此,可以采用以下方法进行调整。

1. 关注当前事情: 比赛过程中,你应该将注意力集中在当时任务上,比如预测对手动向、关注球的运行、关注对手动作、关注队友的位置等,而忽略其他的无关信息。

2. 技术术语提示: 注意能力的提高应该贯穿于日常的训练之中。教练员应经常通过简短的关键词提醒运动员注意的重点,进行专门化的注意集中训练。如训练运动员主动进行"打开—收缩—集中—再打开"的调节,提醒运动员"紧住! 收住! "等等。这样,运动员就可能在比赛中通过熟悉的关键词来引导自己的注意方向。

3. 降低紧张情绪: 过于紧张时,你的注意范围会缩小,无法将注意集中在应该注意的事情上,注意焦点甚至可能出现空白,这就是所谓的"发蒙"。对此,可以采用深呼吸、回忆成功表现、做大而慢的动作等,将紧张程度调整到适宜水平。

4. 阻断消极想法: 比赛中出现了消极想法时,可通过想

> 用心专者,不闻雷霆之震惊。
>
> ——诗人 林逋[中国]

象一面小红旗或红色交通信号灯，及时停止消极想法。然后，迅速将注意转向积极的事情、应该做的事情和必须做的事情。可以用关键词来提示自己的注意方向。

实用包

集中注意的练习方法：秒表练习[2]

1.注视手表秒针的转动，从一分钟开始练习，如果一分钟内注意力专注在秒针上没有转移，那么就以一分钟为单位依次往上累加，直到时间足够长而坚持不了；

2.以练习的最长时间为基准，每次训练3~4次，每次间隔10~15秒；

3.一般坚持5分钟而注意力不转移便是较好成绩。

艺术·人生

推荐图书：《平凡的世界》

作　　者：路遥

出 版 社：北京十月文艺出版社

出版时间：2017.06

内容简介：全书共三部，是"茅盾文学奖皇冠上的明珠，激励青年的不朽经典"。本书以中国20世纪70年代中期到80年代中期近10年为时间轴，以孙少安和孙少平两兄弟为中心，通过各种矛盾纠葛，刻画了社会各阶层众多普通人的形象，

深刻地展示了普通人在大时代历史进程中所走过的艰难曲折的道路。

推荐理由：这本书读来令人荡气回肠，不忍释卷。将注意放在生活上，虽然有苦难与其他困境，但是仍要坚持。人生的价值，在于对自身苦难的严峻正视、深刻思考、透彻理解与不懈抗争。

名人名言

专注，才有可能发展；专注，才有可能创造独特价值。

——阿里巴巴集团创始人 马云[中国]

看不到，就只会专注于自己，这是自己和教练多少年练出来的默契。每个队员都有自己的比赛秘籍，对于我而言，就是低着头。

——射击运动员 陶璐娜[中国]

我所参加比赛的胜负有90%取决于心理状态的好坏。因此，为了使自己能专注比赛，我在比赛日几乎不与人联系，那样有可能分散我的注意。我不允许任何外界的因素干扰我的比赛。

——网球运动员 克里斯·埃弗特[美国]

参考文献

[1] 周亚琴.运动员的注意力及其训练[J].武汉体育学院学报，

2007,37(06),148−150.

[2] 张力为,毛志雄.运动心理学[M]. 上海:华东师范大学出版社,2003.

[3] 理查德.H.考克斯.运动心理学[M].王树明,等,译.上海:上海人民出版社,2015.

主题八

自我控制

人生是一场赌博。不管人生的财富是得是损，只要该赌的肉尚剩一磅，我就会赌它。

——思想家 罗曼 · 罗兰［法国］

大赛中刻意努力为什么有时反而会事与愿违?

运动员比赛时,感知觉高度敏感,思想中会无意或有意提高完成动作的要求,比如做动作时要求更稳、更快、更好等,这就破坏了平时训练所掌握的动作自动化过程。一定要提醒运动员,大赛中刻意努力,过犹不及。而运动员的最佳竞技状态,往往是自然而然做动作的状态。

冠军说

埃蒙斯:刻意努力可能会适得其反

在2004年雅典奥运会男子50米步枪3×40的决赛中,美国运动员埃蒙斯击出最后一枪,却匪夷所思地击中了旁边的运动员普拉纳尔的3号靶位,而不是自己的2号靶位。结果,到手的金牌飞了。更不可思议的是,4年之后,在2008年北京奥运会男子50米步枪3×40的决赛中,埃蒙斯在最后一枪只要打出6.7环就能稳夺冠军的情况下,竟然打出了4.4环,再次无缘奖牌。

这是为什么?现场观察发现,埃蒙斯抬起枪瞄准后准备击发时,又抬起头看了一下靶位,仿佛是在担心2004年的悲剧重演,之后他射出了远弹。赛后埃蒙斯说:“我想,我在打最后一枪时,使用的手法和前几枪都一样。但可能是我太用力了。我没有感觉到扳机出了问题，但一定是扳机的问题。当子弹射出去的时候，我就知道大事不妙了。”显然，他平时的射击动作程序遭到破坏。他刻意做了努力（抬起头看了一下靶位），但结果事与愿违。

人，只要有一种信念，有所追求，什么艰苦都能忍受，什么环境也都能适应。

——作家 丁玲［中国］

小贴士

努力的“悖理效应”[1]

大赛中的运动员，自身运动技能已经达到极其熟练的程度，运动执行过程几乎完全自动化，是一种潜意识的行为。大赛的外部影响因素引起运动员对自己的技术产生疑问或过度关注，这时对运动执行过程的注意通常会加剧，操作者会试图重新回到技术具体执行的意识控制中。然而，由于熟练技术，具体执行成分的信息长期被忽略，当意识再次回收这些信息时，会产生信息空缺的现象，引起运动执行过程发生紊乱。

实用包

颜色调节[2]

颜色虽是视觉刺激物，但它可以同时引起其他感觉：如使人感到温暖、重量、味道的不同，这也称为“联觉”。在比赛时可以利用联觉现象通过颜色调节自己的心理状态。如过分紧张时，看些绿、蓝、紫等色彩具有镇静作用。设法用绿毛巾擦汗，饮用带绿色的饮料，可缓解过度紧张。

如何避免比赛中“大脑空白”？

比赛中，经常会看到这样一个现象：运动员在关键时刻忘记了比赛前教练员的反复叮嘱、自己反复准备过的有效战术或者是赛前准备充分的比赛方案，大脑中一片空白，而采用了无效战术，结果导致比赛失败。大量科学研究表明，脑与情绪的关系不仅表现为脑对情绪的调控，情绪也会反过来影响脑的活动。极端情绪下出现的“大脑空白”就是情绪对脑反作用的一种表现。比赛中，之所以会出现“大脑空白”，可能有如下原因：赛前准备不足、情绪上过于紧张、面临突发事件等。

冠军说

林高远：不让失误影响最后的发挥

2018年，在湖北黄石举行的“2018 年瑞士世乒赛国乒热身赛”中，林高远以1比3的比分惜败梁靖崑，在此之前林高远刚刚摘得亚洲杯男单亚军。在第四局比赛中，林高远在对手的凌厉攻势下，节奏被打破，处处被动。赛后面对记者的采访，林高远坦言：“我在第三局一些关键球上没处理好，自己在场上出现了问题，没有及时调整过来，大脑一片空白，在气势上也没有对方那么好。”

赛后总结时，林高远并未十分沮丧：“压力是有的，自己也经历了这么多比赛，不能说完全让压力压垮自己，而是要一步步去调节、去进步。如何在有压力的情况下，自己还能发挥好状态，还能找到对方的优缺点去进行比赛，对我来说是最重要的。”

健心房

避免“大脑空白”的方法

1. 建立良好的比赛习惯：运动员要从准备活动、点名、到比赛结束的一段时间都有充分的考虑，根据个人特点建立一套比较固定的心理活动程序，而且将其熟练化。这样，运动员就能知道自己何时该考虑什么，该做什么，并学会如何排除干扰按照预定的计划参加比赛。

2. 缓解紧张情绪：上场之前可以用深呼吸、在场地周围伸展身体、喝水、与教练员交换意见等方法缓解过于紧张的情绪。

3. 增强应对突发事件的能力：比赛前做好预发事件对策库。也就是说，面对可能遇到的突发应激事件（如天气变化、器械故障、上场时间改变等）时所采取的成套对策，如：“如果发生……事，我就采取……措施。”这样可以让自己有充分的心理准备。另外，在日常训练中，也可以进行突发事件的模拟，比如赛场突然停电，中断40分钟之后，再继续进行比赛。

4. 及时调控：当大脑出现瞬间的混乱或一片空白时，坚持想当前、想要领、想准备方案，促使思维向积极的方面发展。

小贴士

大脑空白

是指在短促、强烈的情绪状态下脑活动受到抑制而引起的思维停滞、精神衰竭的现象。

实用包

表象重现[31]

1.开始之前先做几次放松性练习，例如深呼吸或目看远处等；

2.想象接下来将要做的某一个技术动作或整套动作，像放电影一样在大脑中再现；

3.将想象与语言暗示、肌肉感觉与运动感觉综合结合起来，细节性地重现运动技能并对其进行加工处理；

4.如果是比赛，表象重现练习可以安排在赛前10分钟左右，这样既能消除比赛的紧张情绪，起到稳定心理的作用，又有利于技术动作的发挥；

5.表象重现训练一般10分钟最理想，如果时间太长，大脑皮层疲劳就会造成注意力分散。

你要控制自己的情绪，否则你的情绪便控制了你。

——作家 大仲马［法国］

如何应对观众的干扰?

2012年在瑞典斯德哥尔摩进行的室内田径赛男子60米栏比赛中,刘翔因抢跑被取消比赛资格,疑似被现场观众的吵闹所干扰。

观众的鲜明态度和立场常会通过震耳欲聋的呼喊声和激烈的表情动作表现出来,其行为会影响运动员参赛的心理状态,进而对比赛水平的发挥产生重要影响。如果运动员感受到观众的支持与鼓励,就会产生愉悦的体验,促进水平的发挥;但如果感受到不友好,比如喝倒彩、高声叫骂时,则会产生消极的体验,从而影响运动员参赛水平的正常发挥。另外,在某些项目中也可以看到,即使是观众支持与鼓励的行为,也可能对运动员产生消极的影响。观众的干扰在任何项目的比赛中都不能避免,即使是最有经验的运动员也有可能会分心或过于激动、紧张。

冠军说

丁俊晖:比对手多一些抗干扰能力

2012年斯诺克国际锦标赛中,丁俊晖对阵英格兰球员墨菲,在大比分1比4 落后的情况下,丁俊晖连胜 3 局,取得了4比4平的成绩。赛后他回忆道:"在墨菲打球的时候,总是会有不知什么东西掉到地上,或者发出其他声音,这也影响了我打球的节奏,我觉得这是不太应该的,努力调整自己的心态,还是可以发挥出自己的正常水平的。但是他有些被干扰了,这也给了我机会。"

小贴士

观众对运动员的影响 [4]

心理学研究发现，观众的存在对完成结构简单的运动是有益的，但如果动作还处在学习阶段，那么观众的存在会妨碍动作的顺利完成；当观众是旁观者时，优秀运动员的成绩往往降低，而水平较低的运动员的成绩却能得到提高；当观众是评价者，在旁批评议论时，小肌肉运动的成绩会降低，大肌肉运动的成绩会提高；男运动员在女观众面前所受的影响，比女运动员在男观众面前受的影响大。

健心房

减少观众干扰的方法

1. 理性认可，宽容接受：不管是观众对自己的支持，还是来自于对手观众的干扰，运动员都应该有一个正确的认识。毫无疑问，观众都会期望自己国家的运动员获得比赛的胜利，这是体育运动的进取精神和荣誉感在观众身上的表现。因此，应该平和地对待观众的干扰甚至是过激的行为。

2. 模拟训练，适应干扰：比赛前，可以有针对性地设置各种观众干扰的场景进行演练，比如现场安排观众进行干扰，有意识地给运动员制造困难，如鼓倒掌、吹口哨、为对方加油等，或者也可以播放专门录制下来的观众干扰的录音。通过多次练习，提高运动员的抗干扰能力。

3. 全身心投入比赛：将注意力放在自身技术发挥和战术上，尽量不受无关信息干扰。

实用包

观众“脱敏”

如果你是容易受观众影响的运动员，可以尝试采用“脱敏”法，来达到对比赛现场观众的“忽视”。具体方法是：

1.将那些会对你产生影响的观众行为一一列出。

2.对于列出的条目进行评估，对其影响程度进行打分（如影响最大的条目为100分）。

3.将所有条目按照分数由低到高进行排列。

4.在平时的训练中有意设置相应的观众干扰行为，从分数最低的开始，以此完成“脱敏”，直到最高等级的刺激也能完全适应而不会对自己产生影响为止。

习惯仿佛一条缆绳，我们每天为它添上一股新索，很快它就会变得牢不可破。

——教育家 霍勒斯·曼［美国］

什么叫纳达尔效应?

纳达尔效应就是永不放弃效应，是指在极其艰难困苦的情况下仍然坚信将有转机并努力拼搏最后如愿以偿的现象。网球高手、奥运冠军纳达尔的打法是防守型打法，旋转强，球线短，站位远，跑动大，总是被对手打得东奔西跑，满地找球。观众经常看到他在比赛中不惜体力地扑救完全无望的“死球”，从不放弃。

冠军说

纳达尔：没有不能救的球

2011年戴维斯杯决赛中，西班牙选手纳达尔对阵阿根廷选手德尔波德罗，双方势均力敌，难解难分。纳达尔像往常一样左扑右救，这时，解说员感慨了一句：“你不知道你的努力会在哪一刻起作用。”直到比赛后期，纳达尔的努力终于起了作用：当德尔波特罗在一个机会球上发生失误后，纳达尔迅速抓住机会，利用对方情绪上的起伏展开反攻，在关键时刻再下一城，最终为西班牙队赢得了决定性的一场胜利。

小贴士

意志品质[5]

指运动员在运动训练、竞赛和生活的意志行动过程中表现出来的具有一定倾向性的稳定特征，是衡量运动员意志能力及水平的思考维度。

这样的场面不止一次出现在纳达尔的身上：他曾多次将顶尖高手打到崩溃，而自己永不放弃，他可能输一个球，但从不输气场。他从小训练时就建立起了自己的理念：所有球必须去救，没有不能救的球！

健心房

如何培养良好的意志品质？

1. 利用坡地、严寒、酷热等自然条件进行针对训练：提高对各种气候环境的适应性；

2. 加大训练量、提高训练难度：培养运动员与困难作斗争的决心和毅力；

3. 主动培养自律品质：养成良好习惯、改正或避免不良习惯，培养自身良好的意志品质；

4. 训练间歇可与其他运动员相互交流自己所体验到的身体痛苦。目的是使训练具有竞争性、趣味性，改善训练活动情感，提高心理耐力水平。

实用包

运动员意志品质的测量 [5]

李佑发2008年编制的《运动员意志品质量表》包括9个分量表，36个条目。9个分量表分别是：自我实现欲、目标清晰度、自制力、信念确认度、顽强性、智源集中度、决策及时性、倦怠耐久度和困难承受度。量表条目按照难度分为高、中、一般3个等级，并设置了2道测谎题。各分量表包含4个条目，得分越高，表示意志品质的水平越高。

为什么说小不忍则乱大谋？

20世纪60年代，美国斯坦福大学心理学教授沃尔特·米歇尔设计了一个著名的实验。研究人员找来数十名儿童，让他们每个人单独待在一个只有一张桌子和一把椅子的小房间里，桌子上的托盘里有这些儿童爱吃的东西——棉花糖、曲奇或是饼干棒。研究人员告诉他们，可以马上吃掉一块棉花糖，或者等研究人员回来时再吃，那样还可以再得到一块棉花糖作为奖励。他们还可以按响桌子上的铃，研究人员听到铃声会马上返回。结果发现，忍不住马上吃棉花糖的孩子，无论在家里还是在学校，都更容易出现行为上的问题，成绩分数也较低。他们通常难以面对压力，注意不集中，而且很难维持与他人的友谊。相比之下，那些可以等上15分钟再吃糖的孩子在学习成绩上比那些马上吃糖的孩子平均高出很多。后来的跟踪研究发现，当年忍不住马上吃棉花糖的孩子成年之后，有更高的体重指数并更容易产生吸毒方面的问题。这一实验后来被称为“延迟满足”实验。

该实验提示运动员，竞技运动是比拼决心和耐心的事业。运动员不得不忍耐长久努力后都得不到积极反馈的考

小贴士

延迟满足

是一种重要的自我控制能力，是情商的重要组成部分，也是发挥智力潜能的保证。

验，忍耐伤病、挫折、失败的折磨，忍耐只有付出没有回报的困扰。站在最高领奖台的人，往往是忍耐力和坚持性更强的人。

冠军说

雷霆队：学会忍耐暂时的失败

2016—2017 NBA赛季，雷霆队虽然没有打进季后赛，但是他们的表现仍然可圈可点，给大家留下了深刻的印象。主教练多诺万针对本赛季雷霆队的表现，在接受采访时说："我们球队是很有反弹能力的，越艰难，越能反弹。因为球员们都很有竞争心。当你面对季后赛这样的强度时，你自然会提升自己的水平。失败并不代表什么，但是要学会去忍耐。如果放弃了就没有进步的希望了。"如果你想有更远大的进步，你必须要接受并容忍暂时的失败，这种忍耐会让你认清自身现有不足、克服障碍，登上新的高峰。

人生最大的错误是不断担心自己会犯错。

——哲学家 培根［英国］

习惯为什么重要?

习惯指积久养成的生活方式或行为方式,例如过年吃饺子、晚上睡觉前刷牙、赛前做准备活动,等等。对于运动员来说,训练和比赛中的习惯最省力、最可靠、也最强大。例如,世界网球高手、奥运冠军纳达尔比赛中的局间休息后,有一个习惯就是跑着上场,从不走着上场。这个习惯会给自己"提气",并给对手一种"跑不死、打不死"的印象。比赛关键时刻,运动员最容易做出的行为,往往是习惯性的行为。

一个人的财富,可以用习惯来衡量。钱再多,有一个吸毒的习惯,也要用尽;钱再少,有一个拼搏的习惯,可以积少成多。好习惯越多,财富就越多。因此,养成良好的行为习惯十分重要。

故事会

让自律成为一种习惯

我国著名钢琴演奏家郎朗,在幼年时期每天保证6个小时的练琴时间。即使在成名之后,进行全世界巡回演出时也从未中断过,每天至少保证两个小时的时间练习。他说:"不练琴等于慢性自杀!"正是因为从未间断地练习,可以让身体产生肌肉记忆,记住每一个动作,熟练到一定程度后就像是自动演奏。一首乐曲要想正确无误、完整且流畅富含感情地演奏出来,必须要付出大量的时间和精力。

实用包

心理预演

请你花几分钟时间：

1.列举几个自己希望改掉的坏习惯和期望养成的好习惯。

2.用好习惯去替换坏习惯。

3.准确地辨明我们需要替换的习惯，就可以更有把握地着手实施。

4.在实施之前可先进行心理预演，后续可以通过记录的方式进行自我监督或者邀请外人监督，以提高习惯养成的成功率。

训练中为什么要不断重复练习基本动作？

优秀的乒乓球运动员训练时用中等力量打正手对攻，能打多少板？可能是1000板，可能是3000板，也可能打一上午都不丢球。那么，运动员掌握得这么纯熟的技能，为什么还要天天训练呢？

这就涉及机能节省化，即大脑可以用更少的中枢资源（注意资源）或更小的中枢代价（注意代价）完成同样的任务，进而腾出更多的机能储备（注意资源）完成其他任务，或完成同样任务时坚持的时间更长。例如，足球明星马拉多纳的带球技能十分纯熟，保证了他可以在比赛时眼观六路、耳听八方，敏锐洞察队友和对手的不同位置和走向，并据此或个人突破，或组织队友进攻。

比赛对中枢神经系统（注意功能）的要求很高，需要有很大的注意资源储备，用于同一时间内更复杂的工作，或使同一工作坚持得时间更长。因此，基本技能越纯熟，消耗的注意资源越少，越有利于比赛时复杂任务或长时任务的完成。

冠军说

中国女排：基本功是取胜的心理保障

在2014年世界女排大奖赛中，中国女排首战1比3不敌巴西队，比赛中在20比16领先的情况

下被对方反超获胜。对此，魏纪中说："有人评价中国女排心理素质不行，输球很大程度是心理原因。在我看来，归根结底是技术不过硬。俗话说'艺高人胆大'，基本功才是心理的保障。没有基本功，再好的技术也发挥不出来。中国女排处在新老交替阶段，最要命的是基本功扎实的球员不多，这对郎平来说很费力，毕竟排球不是光有身高就行。"

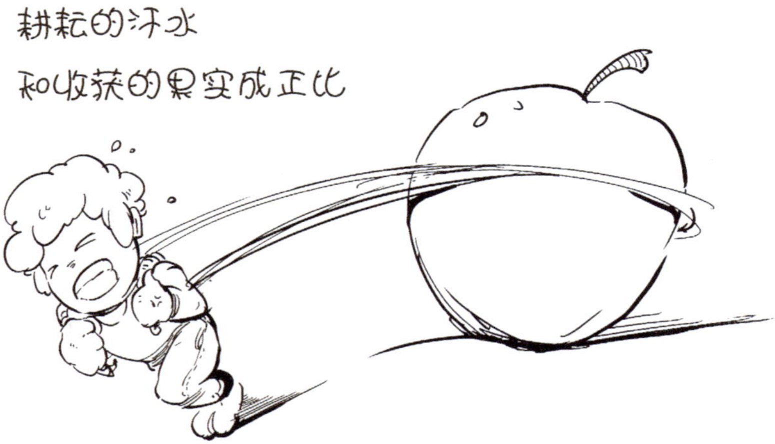

忍耐是痛的，但是它的结果是甜蜜的。

——哲学家 卢梭［法国］

艺术·人生

推荐电影：《当幸福来敲门（*The Pursuit of Happiness*）》

导　　演：加布里尔·穆奇诺

主　　演：威尔·史密斯/贾登·史密斯/桑迪·牛顿

上映时间：2008.01

（扫码看电影，视频来源：搜狐视频）

电影简介：一位濒临破产的中年男人，在接连面临失业、离婚的打击后，还需独自抚养仍在上学的儿子。他不断尝试，不断努力，为了儿子和自己的生计奔波。用自己积极乐观的态度面对生活，同时也教会儿子要以乐观积极的态度面对生活。最终他通过勤奋上进成为知名金融家。

推荐理由：机会是留给有准备的人的，只有时刻努力，不断进取，充实生活，积累能量，才能在逆境中得以生存，在困境中得以成长。

名人名言

我们两个人上场之前做了很困难的准备，第一局落后了，我们该怎样去打，第二局我们还是以很平静的心态去拼，一球一球去打。

——羽毛球运动员 张洁雯[中国]

我不比别人聪明，但我能管住自己。我一旦设定了目标，绝不轻易放弃。也许这就是我成功的一个经验吧。

——乒乓球运动员 邓亚萍[中国]

参考文献

[1] 王进.压力下的“Choking”：运动竞赛中努力的反常现象及相关因素[J].体育科学，2005，25(03)：85−94.

[2] 张忠秋.赛前情绪过度紧张如何调节？[J].中国体育教练员，2000(09)：10.

[3] 理查德.H.考克斯.运动心理学[M].王树明，等，译.上海：上海人民出版社，2015.

[4] 殷小川.体育教学中的观众效应问题[J].教学研究，2000(02)：55−56.

[5] 李佑发. BLT−L−YZ2.0运动员意志品质量表的编制与应用[J].体育科学，2008，28(01)：89−96.

主题九 心理准备

我能够想象出自己将成为什么样的运动员。我清楚地知道我应该做什么，并且能有针对性地集中精力。

——篮球运动员 迈克尔·乔丹［美国］

比赛预案该如何撰写？

撰写比赛预案是赛前准备的一项重要工作。详细的、针对个人需要、切合比赛实际的比赛预案，既有助于避免问题的发生，也可使在问题发生时，做出及时有效的应对。

在撰写比赛准备的“心理—行为”程序时，可给出针对比赛前一天、当天准备活动、检录等候时段、临赛前、比赛每轮次间可进行的心理、行为调节等内容，借此使比赛时的“心理—行为”合理有序，适合比赛要求。

在撰写比赛中心理问题的应对方法时，可针对赛中可能遇到的心理问题，给出适合自己的调节策略及方法，如：过度紧张怎么办？注意不集中怎么办？出现失误时怎么办？等等。

冠军说

丁宁：准备不充分才是输球的原因

在瑞典举行的2018年团体世乒赛中，中国女队半决赛逆转战胜中国香港队晋级决赛，然而比赛中出现失误的却是女子乒乓球大满贯得主——丁宁。赛后在面对记者采访时她直言：“（第一场的失利）还是自己发挥不好，就是之前没交手过，准备不太充分，也就是大概想一想，节奏啊什么的，感觉很难

投入。”显然，没能全力准备比赛、分析对手成为输球的关键因素。

那场比赛中，丁宁似乎游离在场外，整场都找不到自身节奏。“第一场输了还是给自己敲了警钟，当时在外面反思了一下，一定要把自己状态和拼劲拿出来。”在及时总结失利原因后，丁宁接下来的表现没有让支持她的球迷们失望，以3比1的总比分帮助中国队拿下关键一分，进而成功逆转锁定胜局。

小贴士

比赛预案[1]

是教练员和运动员根据比赛目标而为比赛进程制订的详细计划，其内容通常包括赛前训练的准备、比赛期间的准备、比赛准备的“心理—行为”程序以及各种比赛中心理问题的应对策略等。比赛预案的撰写不必求全，但务必切合个人的情况与需要，突出重点，对准备工作进行认真、细致的思考与梳理，并给出富有可操作性的对策与方法。

健心房

比赛预案制定方法[1]

1. 明确建立比赛预案的目的：制定比赛预案的主要目的是提高运动员应对各种重大及突发情况的能力，做到有备无患。因此，需要细化赛前及赛中可能出现的各种问题，制定具体应对策略，做好全面准备。

2. 认识制定比赛预案的作用：首先，全面分析比赛形势和对手情况，以便准备更充分、更细致。第二，建立比赛预案有助于增强运动员比赛信心。无论发生什么情况，都能沉着冷静处理。第三，有利于运动员与教练员之间的沟通。在制定应对策略时，通过交流可以使教练员更加了解运动员的想法，也使得运动员更理解教练员的意图。第四，有助于运动员在比赛时注意的集中和思维的净化，避免产生过多杂念。

3. 比赛预案内容制定：运动员在大赛前制定的比赛预案，其内容应当是全方位的，重点是技战术的准备，同时也应包括新闻媒体采访和衣食住行等其他准备，甚至包括意外突发状况。

（1）比赛技战术准备（表3）

表3 参加XXX比赛预案

比赛阶段	阶段任务	出现问题	解决对策
赛前	休息	如果赛前一晚失眠	我会……
	饮食	如果赛前误食违禁食品	我会……
	装备检查	如果赛前训练时装备损坏	我会……
	赛前训练	如果赛前训练安排过量	我会……
	心理准备	如果赛前焦虑、心神不宁、坐立不安	我会……
赛中	场地热身	如果热身时拉伤	我会……
	比赛入场	如果入场时遭遇客场观众挑衅	我会……
	挑选场地	如果没有挑到心仪场地	我会……
	正式比赛	如果比赛中大比分落后	我会……
	局中暂停	如果局中暂停时，发现忘带水（运动饮料）	我会……
	局间休息	如果局间休息时，没来得及上厕所	我会……

注：为避免运动员产生思维定式，故未列出解决对策。

比赛技战术准备方案并没有固定的格式，但可以本着提出问题和制定对策的原则进行，写在比赛预案中，可以采用“如果……我会……”的形式。比赛预案的制订一定要突出个人特点，预案的格式和重点完全因人而异、因任务而异，运动员之间不可以相互抄袭套用，只能相互参考，结合自身情况进行转化。

（2）比赛新闻采访准备

在准备接受新闻媒体采访时，最重要一点是要采取积极面对，而不是消极回避的态度。基本原则是不能打扰或影响运动员或整个运动队的训练和比赛。同时，应制订一个新闻媒体采访计划或方案，让每位运动员都明白并自觉执行。

史蒂夫，加拿大第一个世界杯高山滑雪男子冠军，在接受新闻媒体采访时的个人计划如下：

①新闻发布会。宣布公众关心的一些问题，如选手村、场地、饮食、交通及路线等。

②站立式采访。每天只在比赛结束后于混合采访区接受站立式采访（回答如“你认为今天的比赛表现如何？”等问题）。

③推销性拍照。为减少赛后采访时间，可以事先准备一些相关的照片或视频，提供给新闻媒体，以供他们宣传使用。

不要失去信心，只要坚持不懈，终会有成果。

——科学家 钱学森［中国］

实用包

新闻采访法[2]

1.理解记者采访是他们的职业需要和工作内容，不要将采访看作为记者对自己的特殊行为。这样考虑，可以淡化对采访的戒备和敌意。

2.把采访当作宣传自己的机会，树立自己的良好形象。

3.重大比赛前，由领队、教练和队员共同制订新闻采访计划，规定接受采访的时间、地点、形式、可以回答以及不可以回答的问题、回答问题时的原则，等等。

4.接受采访时，要直视记者或镜头，以显示自己的信心；要用镇静、平和、坚定的语气回答挑衅性问题；要用微笑面对赞扬和褒奖。

5.遇到含有敌意的问题时，放慢回答语速，以稳定自己的情绪，并给自己留出边说边思考如何回答的时间。

6.遇到不想回答的问题时，可以声明“对不起，我不想在这样一个场合谈及这个问题”或“对不起，你或许可以向其他人询问这个问题”，等等。

前一天比赛表现不好时，如何进行第二天的准备？

前一天的比赛表现不好可能会引发消极情绪，导致自信心有所下降，集体项目成员之间可能会出现沟通问题等。

冠军说

施密特：首轮输球不是坏事

2018年8月5日，中超联赛第16轮比赛在北京中赫国安队主场打响，本场比赛北京国安队将对战老对手山东鲁能队，这也是两支球队在本赛季的第二次对垒。首回合比赛，客场作战的北京国安队0比3不敌对手，首遭败绩。对这两支处于积分榜前列的队伍而言，这场比赛无异于一场榜首大战。

在赛前发布会上，北京国安队主教练施密特在回答记者关于首回合失利是否会对队员产生心理阴影的问题时坦言："虽然第一场比赛输给鲁能队，但那场失败彻底把国安打醒了。之后，我对球队的打法与阵容进行了较大调整，所以现在看当时那场比赛输给鲁能并不是一件坏事。过去的事情已经无法改变，我们能做的就是打好明天的比赛。"

健心房

比赛失败后的备战方法

1.及时总结第一天比赛中出现的问题，在每个问题后都提出解决方案，并且最后以今天表现中的优异之处来结束第一天的总结，最大限度保护运动员的自信心。

2.如有必要，及时讨论并调整比赛预案，如无须调整，则重新集体根据预案进行准备。集体项目需要鼓励大家采用各种方式沟通，解开可能出现的心结，确保较强的团队凝聚力。

3.回顾一些本队的经典取胜战例，明确自身优势。可能的话观看经典的获胜比赛录像，或结合一些优秀运动员的比赛案例鼓舞运动员，树立新的获胜信念。

实用包

比分落后应对法[2]

1.认可现实：已经发生的事情无法控制，只能在认识上认可和在情绪上面对，不要向“如果……就不至于……”的方向思考。

2.回忆自己过去在比赛中反败为胜的经历，重温当时自己取胜的方法和策略，坚定必胜信心。

3.提醒自己：领先的优势往往是暂时的，而战局的变化则是迅速的。赛场风云变幻，没有永恒！

4.将注意力集中在可控的即将采取的应对措施上。

5.在规则允许的范围内，通过擦汗、慢走、检查器械、与场外教练交谈等方式放慢比赛节奏，引起对方烦躁，打乱导致比分落后的技战术定式。

前一天比赛表现完美时，如何进行第二天的准备？

对于比赛，每一天应当做的事情和采用的思维，都体现在赛前个性化的比赛准备程序中。在常规比赛程序的基础上，还需要有一些突发情况的应对预案，前一天比赛表现完美时的准备属于其中的一种。

永远不要低估一颗总冠军的心。

——篮球运动员 鲁迪·汤姆贾诺维奇［美国］

冠军说

马林：赛前进行心理建设 马林再回熟悉舞台

作为世界女子羽毛球头号种子，西班牙选手马林在里约奥运会周期中曾三次问鼎世界大赛桂冠。正因如此，世界羽毛球女单也进入了“马林时间”。但里约奥运会后的两年，马林似乎“消失”了。直到2018年世锦赛，羽毛球女单赛场才再次传来马林尖锐的吼叫和一场场胜利的消息。半决赛中，她战胜了老对手何冰娇，跨入世锦赛决赛的赛场。结果虽然完美，但这场比赛却赢得并不轻松，首局马林13比21失利，但马林及时调整比赛节奏，稳定发挥，上演了逆转好戏。

马林在赛后的采访中表示："明天的决赛，我要专心地执行技战术，不管在任何时候，都要做到这一点。不管是对阵辛杜还是山口茜，都会很艰难。我觉得自己只有做到最好，把自己的全部实力发挥出来才有希望夺冠。"同时，马林还透露："在这次比赛前三周，我在心理上对比赛做准备，我觉得心理上的一些问题要解决，现在我已经准备好了一切。"

健心房

比赛胜利后的备战方法

1.如果当天的比赛表现近乎完美时，建议对自己说"这才是我（们）！这才像我（们）！"暗示自己完美的表现是自己可以做到的稳定表现。不要对自己进行"超常发挥"一类的暗示，因为"超常发挥"其实是对所表现出来的能力的稳定性进行否认，是一句不好的提示语。

2.在总结第一天的成功经验后，就要迅速地投入第二天比赛的准备中去，仍然按照常规的预案完成需要完成的程序，并针对对手或第二天的比赛要求进行准备，不要由于第一天的表现而对过程目标进行过大的调整。

3.在睡前可以重新进行一次完美表现的表象，将积极图像在脑海中加以巩固。

实用包

比分领先应对法 [2]

1.如果出现怀疑自己的倾向，则提示自己：我的训练更加努力，我的准备更为充分，我的发挥更为正常，所以才有现在的优势。敢于胜利！

2.如果出现轻敌大意的倾向，则提醒自己：领先的优势往往是暂时的，而战局的变化往往是迅速的。赛场没有永恒，不能掉以轻心，马虎大意！

3.在头脑中想想一个大大的“0比0”，以提醒自己从零开始。

4.为了扩大战果，应保持原来的比赛节奏甚至加快比赛节奏，不给对方调整心态和战术的机会。

当人们问及我哪一个进球是最精彩、漂亮的？

我的回答是：下一个！

——足球运动员 贝利［巴西］

赛前心理准备常包括哪些内容?

预则立,不预则废。良好的赛前心理准备是获取比赛胜利的重要条件之一。结合项目、比赛及个人情况,做好赛前心理准备工作,将有助于促成运动员良好的心理状态,继而在比赛中拥有出色的发挥。

故事会

没有准备,狮子老虎也会被“吓跑”

著名文学家林语堂先生一生应邀做过无数场讲演,其风趣幽默的演讲风格,给听众留下深刻印象。林先生有一个习惯,一般不接受即兴演讲,他认为没有事先准备的演讲是强人所难,成功的讲演必须要做充分准备,内容才会充实,形式才会新颖,表达才会动人。

一次林语堂先生应邀参访一所大学,并与师生共进午餐,此间校长再三邀请林语堂对同学即席讲话,林语堂推辞不过,于是便走上讲台,讲了一个故事:

古罗马时期,暴虐的帝王喜欢观看“人兽厮杀”,经常把人丢进斗兽场,眼睁睁看着猛兽把人吃掉。有一天,兽栏里的一幕把皇帝惊呆了,只见一个身材矮小的人,面对凶猛的老虎时镇定自若,对着老虎耳语一番,老虎便默默地离开了。错愕之余,皇帝又放了一头狮子进去,此人依旧对着狮子轻言了几句,狮子也悄悄地离开了。此时皇帝赶忙把此人放出来,问他:“你到底对老虎、狮子说了什么,它们为何都不吃你?”此人答道:“很简单,我只是告诉它们,吃我可以,但吃过以后,你要做一场讲演。”

小贴士

最佳表现[1]

最佳表现是指一个人在某项活动中的行为超越了其自身在正常水平的现象。它可以通过多种活动表现出来，比如身体力量、运动才能，甚至日常工作等。其具有如下特征：

1.清晰的注意指向；

2.高水平的行为表现；

3.对活动任务本身的迷恋；

4.自发产生，不期而至；

5.强烈的自我意识；

6.对个人实力的意识；

7.极大的满足感；

8.发生的短暂性；

9.对这种卓越状态的不可描述性。

健心房

赛前心理准备的内容

虽然不同运动项目、不同类型比赛的赛前心理准备会有不同，但通常包括以下内容：

1.设置合理的比赛目标。目标设置应以对自己和对手情况的客观分析为基础；应由教练员与运动员协商完成；应做到多级目标（最佳目标、现实目标）共存；内容应以技术完成情况为主。

2.树立坚定的比赛信心。要相信自己的技术，相信自己的比赛能力，认可自己的优势，采取积极的思维方式。

3.调节好情绪状态。面对比赛，运动员应保持适度的兴奋和紧张感，有效动员机体能量，使精力更充沛，感觉更敏锐，思维更快速清晰。

4. 保持思维清晰。清除杂念，理性思考有关比赛的各种问题，集中精力做好思想上的准备。

5. 建立合理的比赛“心理—行为”程序。根据比赛需要，制定出在特定时段、环节应该“想”与“做”的事情，帮助从“心理—行为”上做好比赛的准备。

> 如果你热爱一件事时你就会为它克服一切困难。
>
> ——篮球运动员 科比·布莱恩特［美国］

小贴士

多维焦虑理论[1]

当认知焦虑提高时，操作活动水平相应降低，两者呈线性关系。认知焦虑是指赛前或赛中运动员主观上对即将到来的比赛的即时性担忧，即赛前赛中越担心比赛结果，比赛成绩越差。

其次，反之随着自信心的增强，操作活动水平提高，两者也呈线性关系，即运动员在比赛中越有自信，焦虑水平就越低，比赛成绩就越好。

最后，以生理特征为主的躯体焦虑与操作活动的关系是倒U型的。躯体焦虑是指赛前或赛中运动员即刻存在的自主神经系统的激活状态，主要表现为心率加快、呼吸急促、手心冰凉潮湿或肌肉紧张，即适度的生理紧张对比赛成绩是有帮助的，但是过度的生理紧张同样会极大地影响运动成绩。

战术就能扳回来。所以即使第6局3比6落后，但马龙仍然坚信自己。

由于曾多次在重要赛事中负于王皓，似乎王皓成为横在马龙面前的一座难以逾越的高山，然而这次取胜，马龙并不认为是翻过了这座山，他说："其实我感觉两个人比赛输赢都很正常，以往输得多，但每次跟王皓打都抱着拼的态度。"正是拼的心态让马龙在"高山"面前不再踟蹰。

健心房

怎样做出合理的角色定位？

1. 坚持"拼"对手角色定位。无论比赛对手是谁，无论过往交手战绩如何，赛前均应采取"夺、冲、追"的角色定位。这种定位有助于使名将不必背上既往辉煌的过重包袱，小将也不必因惧怕强手而无法充分展示自我。

2. 比赛中及时调整不利的角色定位。在比赛进行中，随着双方比赛发挥与成绩对比的变化，运动员常会有意或无意地对自己的参赛角色重新定位，如领先时会变得保守，失去冲击力。所以，比赛中运动员应注意提示自己始终保持“拼”的心态。

3. 少关注比赛结果，多关注比赛过程。坚信自己的技术能力，以比赛过程的技战术关键性指标监控自己的比赛发挥，并对这些可控性高指标的兑现充满信心。

4. 比赛结束进行重新定位。胜者应针对比赛找出不足，负者需结合比赛确定优长，目的在于纠正运动员赛后常有的自我认知偏差，为后面的比赛和训练奠定合理的自我认知基础。

与其后悔得要哭，不如试图变得更强大！

——日本漫画《海贼王》

实用包

《个人评价问卷（*Personal Evaluation Inventory*）》[4]

无论是在比赛过程中，还是在比赛结束后，运动员都会面对角色定位、比赛定位的问题，之所以出现偏差通常是由于不当的自我评价导致的，与自信有密切的关联。

对于个体的定位，以及个体对自我的评估的测量，可采用《个人评价问卷（*Personal Evaluation Inventory*）》，该问卷由纽约州立大学*Shrauger Sidney*（*1990*）编制，从学业表现、体育运动、外表、情感关系、社会关系、沟通能力6个方面测量个体的自我评价水平，即自信程度。该量表共54个条目，得分范围54~216，分值越高表示自我评价越高，越自信。

艺术·人生

推荐电影:《洛奇》系列(共6部)

导　　演:约翰·G.艾维尔森

主　　演:西尔维斯特·史泰龙,
塔莉娅·夏尔,波特·杨

上映时间:1976.11.21

(扫码看电影,视频来源:爱奇艺)

电影简介:洛奇*Rocky*是美国费城贫民窟中的一个业余拳手,苦于想摆脱命运的洛奇终于等来一个好机会,美国重量级黑人拳击冠军阿波罗对手因伤退赛,主办方挑选洛奇作为出赛对手。即使知道对手强大,他没有退缩,利用自身优势刻苦训练出一套新拳法。在比赛中苦撑了15个回合,实现了自己的目标。

推荐理由:洛奇这样一个小人物,通过自身的努力实现了真正的胜利,他能正确衡量自身的实力,准确定位,付出他人不曾付出的艰辛,承受其他人承受不了的痛击。他跌倒了,但始终能重新站立,这也许就是一个人值得佩服的地方。在他的心里,真正的胜利,就是迎难而上,永不放弃。

名人名言

每走一步都走向一个终于要达到的目标,这并不够,应该每一步就是一个目标，每一步都自有价值。

——作家 歌德［德国］

我们只要正常发挥水平，打出气势，打出风格，就已经完成任务了。我们需要做的只是上去拼她们，放开心态对待她们。

——网球运动员 李婷、孙甜甜［中国］

参考文献

[1] 张力为，毛志雄.运动心理学[M]. 上海：华东师范大学出版社，2003.

[2] 张力为.现代心理训练方法[M]. 北京：北京体育大学出版社，2004.

[3] David Myers.社会心理学（第8版）[M]. 侯玉波，乐国安，张智勇，译.北京：人民邮电出版社，2006.

[4] 张力为，毛志雄. 体育科学常用心理量表评定手册[M]. 北京：北京体育大学出版社，2004.

主题十一　适应能力

既然不能驾驭外界，我就驾驭自己；如果外界不适应我，那么我就去适应他们。

——思想家 蒙田［法国］

如何处理所谓的“坏签运”？

抽签是所有比赛项目都无法回避的程序，所谓的“坏签运”通常包括两种：一是通常被认为不佳的比赛出场位次，常出现在打分类项目；二是较早遇到实力强大的对手，常出现在对抗类项目。无论是哪一种“坏签运”，都表现了对于比赛结果的一种“外归因”，即将成功与失败归于自身无法控制的因素。教练员和运动员牢固树立任何事情均有利弊两个面的观念，没有绝对的好事，也没有绝对的坏事。对于抽到的坏签，要将精力和关注点放在深入挖掘其有利和积极的一面上来。

冠军说

王蔷——就是不能怕

2018年5月28日，中国网球选手王蔷在法网首轮以6比4、7比5直落两盘挑落世界9号种子选手大威廉姆斯，为前一年法网和温网的失利完美复仇。从2017年开始，“签运差”这个标签就一直伴随着王蔷，从法网首轮和温网第二轮均遭遇7届大满贯得主大威，到澳网首轮对战美网亚军凯斯，王蔷无一例外全都输了，但她却在不断跟高手过招中，稳步提升自己的实力，使比分一次一次拉近，终于在这一年

的法网打破魔咒，战胜大威。

此前王蔷曾调侃说："当时我看到签表还挺淡定的，签表差又不是一天两天的了。"赛后，王蔷点出了自己比赛获胜的关键："就是不能怕，之前很多次都怕了。这是我经常犯的毛病，包括第二盘4比4之后她的发球局，我30比0领先，后面那两分就是纯紧张了。在这个水平上，你光是把球回到对方场地里是完全不够拿下比赛的，等待对方失误就没有机会赢球，所以一定要让自己更积极一些。"

世上没有绝望的处境，只有对处境绝望的人。

——心理学家 费洛姆［美国］

健心房

正确面对"坏签运"

对于不理想的位次，我们要减少关注，注意可以控制的因素。如积极完成热身、按照比赛程序预案进行准备等，若比赛分为若干轮次，则减少对报分的关注，将注意力集中到比赛的过程中。

对于遭遇较强的对手，建议我们与教练员共同进行积极的准备，树立"战胜强手，你就是强手"的目标，制定积极的比赛策略。我们可以与教练员和科研人员一起回忆一些以弱胜强的经典案例，树立战胜对手的信心。一旦获胜，要及时总结成功经验，将胜利转化为下一战的信心储备。

实用包

遭遇强手应对法 [1]

当比赛中抽到“硬签”,我们不妨这样想:
首先,正确认识该事件及其影响;
其次,要保持自己思维的有序状态,主动调节情绪;
接下来,集中注意,排除意外事件对比赛心理的定向干扰;
可以利用语词线索、动作要领进行表象训练,寻找动作感觉;
最后,专注于比赛,发挥出自己应有的水平。

小贴士

韦纳的归因理论

归因理论是判断和解释他人或自己行为原因的一种动机理论。该理论认为:人们行为产生的因素都可以归入内部—外部、稳定—不稳定、可控—不可控三个维度的六个因素中。其中能力是内部稳定的不可控因素,努力是内部不稳定的可控因素,身心状态是内部不稳定的不可控因素,任务难度是外部稳定的不可控因素,而运气和外部环境则是外部不稳定的不可控因素。

我们对于成功和失败的不同归因会对之后的行为产生重大影响。如果将比赛失利归因为能力不足,势必会削减自信,降低训练动机;如果将失败归因为努力不够,会激励我们更加刻苦训练,争取下一次胜利。

如何适应比赛的赛场氛围？

赛场气氛是指在比赛情境中，由场上选手、现场观众及裁判所营造的特有气氛和情调，能够带给人强烈的情感体验。运动员的竞技状态在很大程度上会受到赛场氛围的影响，从而影响其比赛发挥和运动成绩。那么，我们该如何正确应对赛场氛围，取得优异成绩呢？

既然不能驾驭外界，就驾驭自己；
如果外界不适应我，那我就去适应他们。

——思想家 蒙田［法国］

冠军说

陈大祥：在比赛中找到自己的最佳状态

2017年12月27日，国内职业化拳击最高等级赛事——大唐地产中国拳王赛新赛季的第11场在天津打响。陈大祥作为江苏队的新科全运会冠军，中国拳坛崛起的新势力，首次参加这场拳击盛宴。这位初出茅庐的小将，凭着自己过人的胆识，在比赛中积极吸取经验，适应比赛氛围，连胜三场一路闯入决赛。陈大祥向记者透露，自己当时的心情是既紧张又激动。在新的办赛规格下，他表示：自己从正式比赛开始后便逐步适应周围的环境，在与不同对手交战中找到属于自身的一个最佳状态。到正式进入决赛前，就已经完全适应中国拳王赛比赛氛围和节奏，并已经将比赛状态调至最佳。因此，决赛中陈大祥面对33岁的拳坛老将施国军也毫不怯场，靠着自己密集的拳法攻势和灵活的脚下移动，逐渐掌控比赛节奏，最终将金腰带收入囊中。

小贴士

赛场上的社会促进

社会促进是指当我们在完成一些较为简单、相对熟悉的工作任务时，如果有他人在场，工作效率会提高的现象。现在也常指某些自身优势在有他人在场的情况下，会得到加强的现象。

因此，运动员在比赛场上，如果能够感知到周围观众的热切关注，更容易调动起身体的积极性，使自身的竞争优势得到加强，从而以更积极的状态投入比赛，争取好的成绩！

健心房

如何适应赛场气氛？

赛场尤其是大型比赛的赛场，其氛围与训练场迥然不同，身处其中运动员的心理及行为会较平时发生很大的改变。为了适应赛场的特殊氛围，可尝试做好以下几点：

1. 强化理性认识。在特殊的赛场氛围中，身心状态发生一些变化是正常的，是一种适应性反应；其中有些变化，如适度的唤醒，是有利于身心调动和比赛发挥的。赛场情况是一种客观存在，个人难以控制，重要的是做好自己。

2. 重视赛前模拟。赛前模拟训练应力求逼真地营造出比赛中的赛场氛围，如场馆布置、比赛进程、观众反应等。运动员在模拟训练中应认真体会、感受现场气氛以及自己的身心状态，提高模拟训练的效果。

3. 完善比赛方案。对赛场上可能遇到的问题，如比赛中自身唤醒及注意状态的变化，来自观众、对手的反应，现场重要他人的出现，甚至媒体的“打扰”等，在比赛预案中都应有针对性的应对策略。

4. 注重心理演练。通过想象即将进行的比赛情景，在心里营造并感受可能出现的赛场氛围，自己当时的行为及心理状态，以及需要采取的调控策略。

实用包

观众干扰模拟法 [1]

使用观众干扰模拟法的目的是为了使我们对观众干扰产生适应，训练中不妨这样做：

1.请队友帮忙模拟比赛中现场观众的噪音干扰。

如在你做关键动作之前吹口哨、喊叫，在你动作失误之后鼓倒掌，在对方得分或胜利之后则用掌声鼓励，等等。

2.模拟比赛中现场观众的视觉干扰。

如当你准备起跑，或进行罚篮，或准备踢罚点球时，用黄颜色的旗子或黄颜色的棍子左右摇晃，分散你的注意力等。

如何适应陌生的对手?

俗话说:“知己知彼,百战不殆。”无论在什么时候,想要抢占先机、赢得胜利,首先必须对自身有一个客观分析,其次是深入了解对方的实际情况及竞争优势,才能确保自己立于不败之地。但实际上,运动员在比赛中往往要面对很多陌生的对手,双方在彼此并不熟悉的情况下,该如何做才能尽快适应对手,更好发挥出自己的水平呢?

冠军说

苏炳添:做好自己,无惧对手

2018年8月27日,第18届雅加达亚运会的男子百米决赛中,中国名将苏炳添被排在第6道,与他同场竞技的多是近些年刚刚崛起的百米新人。作为一名老将,苏炳添表示自己压力其实还是挺大的,毕竟在这样的比赛中,苏炳添的出现对于这些新兴小将来说是非常熟悉的,他们可能已经对其训练方法和战术安排了如指掌,目标就是要在比赛中超过他。但面对这样一群陌生的比赛对手,苏炳添依然表现得十分淡定，他说："这种比赛中要更加小心，因为很多成绩与我非常接近的年轻运动员随时可能发挥得比我更好，虽然说我的最好成绩比他们好，但是这个一百米就那么十秒，什么事情都有可能发生。所以跟他们比赛的时候，我还是要按照参加国际比赛的那种心态，一定要冷静，做好自己应该做的一切细节。"

当天比赛中，枪响后苏炳添的起跑反应速度是全场最快的，从起步到30米都非常顺利。即便在后程，4道与8道的两位年轻小将全力追击给苏炳添带来了不小的压力，"中国飞人"咬紧牙关，保持自己的节奏和速度，稳步提速，并在80米处占领绝对优势，率先冲过终点，以9秒92的最终成绩打破亚运会纪录，成功收获亚运会男子百米大战金牌。

可见，比赛中面对陌生的竞争对手，我们要保持清醒的头脑，专注于自身技术，减少外界干扰，才能做到稳定发挥。

可以为亚洲人，为中国人在世界田坛争取一点点位置，证明我们黄种人在短跑项目上也能称王，真的，我为自己骄傲。

——田径运动员 刘翔［中国］

健心房

如何更好地适应对手？

一般来说，非直接对抗性项目与直接对抗性项目在面对对手时有不同的适应策略。

对于非直接对抗性项目，如射击类、竞速类等，比赛的关键在于把握好自己的节奏，展现自身的特点，因此比赛中不要过多地关注对手，而要将注意力集中在如何控制自身发挥，可以通过在赛前进行正确动作、流畅动作的表象训练来帮助自身更好地完成动作。

对于需要直接对抗的项目，要更好地适应对手，需要做到：

1.确定对阵情况后，通过各种渠道收集信息，增加对对手的了解，并针对了解到的信息准备比赛预案；

2.在赛前进行自身优势技术或战术的表象训练可以帮助建立自信心，同时有助于在比赛中更好地制约对手；

3.要做好在比赛中开局不利或有分数较大波动的准备，以保持困境中的良好心态，寻找战胜对手的机会和方法。

实用包

遭遇弱手应对法[1]

我们都应该学习和应用“尺有所短，寸有所长”的辩证观点，在比赛中遇到比自己实力弱的选手，同样不能掉以轻心。

1.根据“尺有所短，寸有所长”的辩证法，在训练日记中列出弱手具备的两个优点，以提高自己的重视程度；

2.提醒自己：负于弱手造成的后悔之情远远强于负于强手造成的后悔之情。

如何适应赛地条件及比赛场馆环境？

运动比赛经常是在特定的环境中进行的,运动员要想在这个特定环境中使自己的身心状态与环境保持平衡,就必须具有高度的适应能力。实践证明,比赛环境对运动员的运动表现有重要影响,特别是食宿、温度、时差、服装、场外观众以及其他新异刺激等。如果运动员不能尽快适应这些比赛环境,很容易产生情绪波动,导致注意力涣散、动作紊乱,招致比赛失败。那么,我们应该如何做才能更好地适应比赛环境呢?

冠军说

齐广璞:学会适应环境

2016年1月,第13届全国冬季运动会雪上项目比赛在新疆天山天池滑雪场进行,赛前,雪上大军陆续抵达比赛场地,并开始积极适应当地的气温环境,为比赛做充分的准备。

齐广璞在2015年12月21日才刚刚结束在鸟巢举办的该赛季世界杯北京站比赛,就马不停蹄地来到新疆,投入新一轮征程。他表示:“前段时间这里的天气不太好,有雾又有风,今天好转了。不过这里

偶有变数的天气，对于我们运动员来说，是对适应各种环境能力的一种锻炼。”

可见，对于运动员来说，学会适应比赛环境非常重要。很多时候，我们不能预测比赛现场的环境和突发状况，只有积极适应、灵活应对，才能减少外界环境带来的不利影响，更好地发挥自身水平！

小贴士

主场效应

也称主场优势，是比赛地点与比赛胜负之间的一种关系。一般认为：运动员在主场进行比赛时，获胜的概率要高于在客场比赛获胜的概率。造成这一现象的原因有很多，包括运动员的心理状态、对场地的熟悉度、比赛的路途以及现场观众的反应等。其中运动员的心理状态和自我意识是主观因素，观众和环境则是客观因素。

健心房

适应比赛的准备工作

为使运动员免受赛地环境适应不良而产生的不利影响，赛前应做好以下几点：

1. 重视信息搜集。找出各种可能对比赛产生不利影响的赛地环境因素，如时差、气候、饮食、住宿、交通、语言、人文习俗、比赛场馆条件等。

2. 理性认知环境影响。环境的影响往往通过个体的心理活动而发挥作用，故通过合理的认知，运用心理调节方法，可有效减弱环境因素可能带来的不利影响。

3. 通过模拟训练，对比赛面临的新异环境因素进行提前适应，降低对新环境的敏感反应。如在赛前一段时间，可到与赛地自然地理条件（如海拔、气温、湿度，风力等）相近的地方进行适应性训练，选择或搭建与比赛场馆条件相近的环境进行赛前训练等。

4. 适应性训练的安排应注意结合项目特点，关注运动员的个体差异，考虑临近比赛的时间等。客观环境难以改变，但可以改变自身的心理和行为，进而适应陌生环境，降低陌生环境的不利影响。

> 重要的不是环境，而是对环境做出的反应。
>
> ——作家 鲍勃·康克林［美国］

实用包

模拟训练法 [1]

模拟训练是针对运动员比赛中可能出现的情况或问题进行模拟实战的反复练习的过程，主要作用在于提高临场的适应能力，尽快适应各种比赛条件，在头脑中建立起稳固的动力定型，使技战术在千变万化的特殊情况下正常发挥。

模拟训练法的模拟分为实景模拟和语言图像模拟两类：

实景模拟是通过设置竞赛的情境和条件，包括模拟对手可能采用的技术、战术，赛场上可能出现的意外情况，比赛的天气、场地、观众的行为等，以此来适应比赛氛围；

语言图像的模拟是利用语言或图像对比赛情景进行描述，假想我们身处这种环境下应如何应对。

艺术·人生

推荐图书：《适应力》

作　　者：张旭
出 版 社：中央编译出版社
出版时间：2014.01

内容简介：本书从语言交际、为人处世、工作、外部环境、内部心态等几个方面出发，对提升自身“适应力”提出了明确具体、详细可操作的方法，教会你做出改变时应具有的心态和行动的方法。

推荐理由：成功没有固定模式，不论你是渴望成功与幸福，还是对未来的生活充满憧憬，抑或是正在经历人生的坎坷迷茫，都可以从这本书中找到答案。它会让你积极思考自己当下与未来的可能处境，寻找适合自己的发展之路；让你不断明确自己的奋斗目标、调整前进方向；为你展现一堂人生问题的处理课，帮助你快速找到走出困境的答案。行动起来，改变自己，适应人生！

名人名言

天时不如地利，地利不如人和。

——《孟子·公孙丑下》

情况是在不断地变化，要使自己的思想适应新的情况，就得学习。

——毛泽东[中国]

要记住，你自己就是自己命运和幸福的创造者。

——教育家 苏霍姆林斯基[苏联]

我将会有足够的耐心，我不敢奢望在第一场比赛就拿下40分或者50分。我将以自己的方式逐渐适应激烈的比赛。

——篮球运动员 迈克尔·乔丹[美国]

参考文献

[1] 张力为.现代心理训练方法[M]. 北京: 北京体育大学出版社,2004.

主题十二　团队凝聚力

什么叫团队？赢球是大家的，输球也是大家的，必须能够互相包容、互相担当。实际上我认为，没有完美的个人，只有完美的团队，这也是中国女排一个非常好的传统。

——中国女排主教练 郎平［中国］

比赛过程中受到同伴的责怪怎么办?

集体和双人项目,特别是双人项目中,可能存在同伴间的沟通问题。在训练和比赛中,由于语言或行为的表现不当,可能会让同伴感受到责备。通过在训练中形成良好的沟通习惯,产生默契和信任,可以减少在压力来临时出现相互责怪的情况。

和你一同笑过的人,你可能把他忘掉,但是和你一同哭过的人,你却永远不忘。

——作家 纪伯伦[黎巴嫩]

健心房

在比赛中受到同伴责怪的处理方法

1.谅解同伴的情绪,主动承担责任,如说:“对不起,这球确实是我没处理好,下一次我会尽快跟上步伐的。”大多情况下,主动的承担责任会获得更积极的反馈;

2.如果由于同伴的责备产生了一些消极的情绪,条件允许的情况下,可以采用思维阻断法(如大吼一声);如注意力被分散,尽快为自己寻找一个简单的任务,如做积极的表象训练,或告诉自己做好下面的任务等,尽快地引导注意力回到比赛任务上来;

3.主动说一些积极的话或做一些积极的动作。

如热身的时候大声喊拍子，带头做动作等；如有赛间休息或交流时间，要主动与对方沟通，将注意力转移到如何进行接下来的比赛，而不要纠结于之前的错误，要明白最终共同赢得比赛才是目的。

实用包

思维阻断法

这是一种通过外部控制的手段，人为地抑制并中断其思维，经过多次重复，帮助大家调节因消极情绪引起的情绪紧张。你可以尝试以下步骤：

1.进入放松状态；

2.关注那些使自己烦恼的想法、念头或思维活动；

3.大声命令自己“停止”，并停止想那些东西；

4.在自己有清楚的强迫思维意向活动时就竖起食指示意；

5.随同一起大声命令自己“停止”，在进行这一步时，可使用一些辅助手段，如特定的动作或响声等。

不知道如何与教练员和队友沟通怎么办?

对于运动员而言,沟通是一项重要的技巧。没有良好的沟通,运动员个人难以获得足够的社会支持帮助自己应对训练中遇到的各种困难;一个团队难以形成高度的凝聚力来解决比赛中面临的各种问题。

故事会

半途而废的通天塔

相传人类的祖先最初讲的是同一种语言,他们在底格里斯河和幼发拉底河之间,发现了一块异常肥沃的土地,于是就在那里定居下来,建造起了繁华的巴比伦城。后来,他们的生活越过越好,为彰显自己的业绩,他们决定在巴比伦修一座通天的高塔,来传扬自己的赫赫威名,并作为集合全天下亲人的标记,以免分散。由于大家语言相通,同心协力,阶梯式的通天塔修建得非常顺利,很快就高耸入云。

上帝得知此事,立即从天国下凡视察。上帝一看,又惊又怒,因为上帝是不允许凡人达到自己的高度的。他看到人们这样统一强大,心想:人们讲同样的语言,就能建起这样的巨塔,日后还有什么办不成的事情呢?于是,上帝决定让人世间的语言发生混乱,使人们互相言语不通。人们各自讲起不同的语言,感情无法交流,思想很难统一,就难免出现互相猜疑,各执己见,争吵斗殴。这就是人类之间误解的开始。修造工程因语言纷争而停止,人类的力量消失了,通天塔终于半途而废。

小贴士

镜像知觉[1]

镜像知觉是指在冲突中，双方对对方的误解常常具有令人吃惊的一致性，他们都会美化自己和丑化对方。当双方知觉到冲突时，如果A认为B对他有敌意时，那么A就会以充满敌意的方式对待B，由此A的“期望”就得到了证实，一个恶性循环就这样开始了。

健心房

与教练员和队友的沟通方法

在与教练员和队友的沟通过程中，要谨记双方的目标是一致的，都是要提高训练水平和发挥训练水平。沟通要获得良好的效果，需要注意以下五个要点：

1. 沟通要真诚：基于事实，不道听途说，不夸大其词，不说风凉话，尤其要避免使用各种讽刺的话语去刺激他人；

2. 沟通要积极：出于善意，重要的是诚心实意地去帮助别人，提意见时最好能同时提出解决问题的方法，对于训练、比赛相关的事宜要多说积极的话，不传递消极的言论；

3. 沟通要及时：出现问题时要第一时间与教练员和队友沟通，指出问题和赞扬别人都要及时并尽可能具体，通过沟通达成一致后要立即行动，言行一致；

4. 沟通要平等：在沟通的过程中，要学会倾听，学会平等与对方交流，并给予别人积极的反馈。

实用包

互相了解法[2]

1.请每位运动员在一张纸条上写出比赛时希望其他队员如何对待自己，纸条不记名。

2.教练员收集每个队员的纸条，并在全队会上念出每个队员的希望。

3.教练员与运动员一起讨论，将这些希望归纳为几项可以操作的原则。

小贴士

心理相容[1]

心理相容是指团体成员与成员、成员和团体、领导者和下属、领导者和领导者之间的相互吸引、和睦相处、相互尊重、相互信任、相互支持。

理解绝对是养育一切友情之果的土壤。

——威尔逊［美国］

如何帮助运动员建立良好的社会支持系统？

人的社会支持系统对于人的心理健康和主观幸福具有重要作用。这种作用表现在：第一，帮助人们尽快摆脱困境；第二，帮助人们调整防卫机制；第三，帮助人们提高对挫折与失败的应对能力；第四，缓解不愉快事件给人们带来的情绪冲击；第五，影响人的长期的人格发展和心理健康。研究表明，当人面临陌生环境、威胁环境和挑战环境时，与人交往的倾向会变得更加强烈。这说明在遇到困境时，人们得到社会支持的愿望和需求更加强烈。

运动员往往从小就离开父母，参加集体生活，在竞争激烈的训练比赛的环境中成长。面对一个又一个的技术难题，面对一次又一次的比赛成败，面对教练的意见、舆论的评价、观众的期待，运动员所遇到的困难和承受的压力往往超过同龄人。再加上运动员的竞争对手是面对面的，比赛结果又有难以预测和立见结果的特点，这更使运动员不断受到心理冲击。因此，他们的社会支持系统就显得格外重要。

故事会

陪伴是最无声的关爱

这是发生在英国的一个真实故事。

有位独居老人，无儿无女，又体弱多病，因此他决定搬到养老院去。为筹集养老院的花销，老人无奈选择出售他漂亮的住宅。购买者闻讯蜂拥而至，住宅从底价8万英镑，一路被炒到了10万英镑，而且价格还在不断攀升。不断抬升的价格并未让老人感到快乐，相反老人深陷在沙发里，满目忧郁，感叹道：要不是自己健康状况不佳，绝不会卖掉这栋陪自己度过大半生的住宅。

这时，一位衣着朴素的青年来到老人面前，他弯下腰，轻声对老人说："先生，我也好想买这栋房子，但我只有1万英镑。可是，如果您把房子卖给我，我保证会让您依旧生活在这里，我们一起喝茶、读报、散步，天天都快快乐乐的——相信我，我会用整颗心来照顾您的！"老人终于露出了久违的笑容，点头认可，于是把住宅以1万英镑的价钱卖给了这位青年。

健心房

帮助运动员建立良好的社会支持系统的方法

1.充分理解对运动员产生最重要影响的常常是他们的家庭成员、教练员和挚友。

2.运动员遇到挫折、困难和失败的时候，有了伤病的时候，往往是他们最需要帮助的时候。此时，一个关切的目光、一句贴心的问候、一个随便谈谈的提议，都可能对运动员具有极其重要的意义，甚至会影响他们的一生。

3.平时可以向运动员明确承诺，在任何需要帮助的时候，我都会伸出援助之手。

4.保持与运动员父母的联系，重要节假日向他们表示诚挚的问候。

5.鼓励运动员结交可以信赖的挚友，同挚友一起享受成功与进步，面对困难与挫折。

6.在运动员生日、有纪念意义的时刻，向他们表示祝贺和慰问。

小贴士

社会支持系统

社会支持系统指以良好的人际关系表现出来的社会联系。对于运动员来说，社会支持系统包括家庭成员、管理人员、教练员、朋友、队友、科研团队、粉丝、媒体等。

实用包

伤病问候法[2]

1.在运动员伤病时，教练员亲自带着鲜花去看望队员，给予安慰和鼓励；

2.购买慰问卡，请每一个队员写一句话给伤病队员，给予安慰和鼓励。可以一人一卡，也可以一队人一卡；

3.如果伤病较为严重，需要较长时间才能康复，还可以安排其他队员定期去探望。

朋友间的不和，就是敌人进攻的机会。

——哲学家 伊索［古希腊］

什么是运动中的团队精神?

在竞技运动情景下,尤其是在奥运会的备战及竞赛过程中,运动员只有切实做到将个体目标与团队目标协调一致,与团队其他成员默契配合、协同作战,才能在为团队目标实现做出贡献的同时,发挥自己的才能,实现个人的价值。

冠军说

“女排精神”:遇到困难,永不放弃的团队精神

当五星红旗在里约奥运会排球赛场上冉冉升起的那一刻,所有人都被一个词感动——女排精神。女排姑娘们用她们的青春和热血在赛场上诠释女排精神。那么,女排精神究竟是什么? 20世纪,曾获“五连冠”的老女排给出过注解:无私奉献,团结协作,艰苦创业,自强不息。曾经的老女排成员、如今中国女排主帅郎平带领新一代女排姑娘,又做了新的解读。郎平说:“我觉得女排精神的形成不是靠讲故事或者什么心灵鸡汤能解决的,关键还是靠平时训练中的严格要求。”

谈及女排精神,郎平不禁回忆起自己过往的经历:“早在上世纪七十年代那会儿,就有人提出过‘女排精神’这词。当时中国女排喊出的目标是‘三年打败韩国,五年打败日本’,那会儿日本女排还是世界冠军,后来1979年我们终于在亚洲锦标赛上打败了

日本。在这期间我们经历了很多困难，但我们总能以坚强意志和精湛球技反败为胜，其实这就是女排精神。在我看来，女排精神就是遇到困难永不放弃的团队精神。”

小贴士

团队精神

运动中的团队精神主要是指运动员在追求个人竞赛目标的过程中，能够理性地认识到个人利益和目标与集体及他人利益和目标密不可分，并能自觉地以集体利益和目标为重，求同存异，积极合作。

健心房

如何打造运动队的团队精神？

为了培养和提升运动员的团队精神，应做好以下几点：

1. 创设信任氛围。教练员与运动员以及运动员彼此间的信任，能增强运动员对运动队的认同感、归属感和集体荣誉感，进而为提高训练效果、促进比赛发挥创造良好的集体环境。

2. 强化团队目标。教练员和运动员应该强化这样的信念：为了实现共同目标，需要学会相互理解，包容，做到求大同、存小异。

3. 保障沟通顺畅。深入、双向的有效沟通，能使运动队各成员之间知己知彼，及时分析自己在团队中的位置，解决彼此间可能存在的矛盾。

4. 塑造行为规范。为促进团队优势的发挥，需要建立教练员与运动员以及运动员之间的沟通规则、领导规则、互助规则、反馈规则等，以提高团队成员的自我管理和自我控制能力。

5. 注重个性发挥。运动员在能力、性格等方面存在着差异，在保证团队目标一致的前提下，尊重运动员个性差异的存在与合理展示，可使运动员彼此间优势互补，使整支队伍充满活力及应变能力。

小贴士

成员互补[3]

是指团体成员在完成任务过程中互相取长补短，一个团体内，每个成员所扮演的角色不同，完成的工作任务不同，因而，需要在不同方面取长补短，才可能增强团体凝聚力。

实用包

互相赠言法[2]

1.在大赛前，每位队友写一句适用于所有队员的赠言，但不署名；统一收齐后，随机发给每个人，并要求大声念出或写在黑板上。

2.在成功或失败之后或是遇到极大困难时，也可以请队友互写赠言，以互相鼓励。

3.要求所有队员将自己收到的赠言写在训练日记中，或将自己特别有意义的赠言写在训练日记中。

独脚难行，孤掌难鸣。

——《增广贤文》

怎样成为优秀的团队成员?

著名篮球运动员迈克尔·乔丹曾说过,“一名伟大球星最突出的能力就是让周围的队友变得更好。”成就他人就是成就自己,团队不断成长,其成员也会随之受益。因此,做一名优秀的团队成员与做一名优秀运动员同样重要。

故事会

将相和

春秋战国时期,赵国将领廉颇骁勇善战、名闻天下、德高望重。而蔺相如当时只是赵王身边宦官的一位门客,竟被举荐去秦国用和氏璧换取十五座城。当时秦国之强大天下皆知,全赵国的人都知道,送去和氏璧也得不到秦国的城池,不送又可能得罪秦国,蔺相如肩负国家利益和荣辱,冒着生命危险以聪明才智和胆识完璧归赵,得到赵王赏识和封赏。

不久秦赵两国国君在渑池相会,蔺相如又立大功,为赵国挽回面子。赵王封他为上卿,官位在廉颇之上。廉颇对蔺相如不满,觉得自己在沙场上为赵国拼命,攻下无数城池,立下汗马功劳,蔺相如动动嘴皮子就比自己功劳还大,很不服气。蔺相如得知廉颇对自己有意见便处处忍让,旁人都说他怕廉颇,他却说:“秦王我都不怕,难道能怕廉将军?现在秦国不敢入侵,因为赵国有得力将相,一旦我们不和,就会削弱赵国力量,秦国趁机入侵怎么办?我不论功争权,为的是国家大局,将相的共同利益!”此话传到廉颇耳中,廉颇也是深明大义之人,主动到蔺相如府上负荆请罪。

小贴士

团体凝聚力[3]

团体凝聚力和团队凝聚力均可简称为凝聚力，是指团队成员之间心理结合力的总体，表现在两个方面：一方面是团体成员对团体所感受到吸引力，从而自愿参与集体活动；另一方面是团体对其成员所具有的吸引力，从而把团体成员积极地组织到团体活动中去。

健心房

成为优秀团队成员的方法

运动员为了使自己成为一名优秀的团队成员，在训练、比赛乃至生活中需做好以下几点：

1.遵守团队的纪律规范，采取有助于团队目标实现的行为方式。

2.正确认知个人目标与团队目标的关系，强化对团队目标的认同，增强责任感与集体荣誉感。

3.加强与团队成员的沟通，避免并及时化解误会与矛盾。

4.换位思考，深入、准确地理解他人的思维、情感与动机等。

5.懂得鼓励他人，认可他人在团队成绩获得中的贡献与重要性。

实用包

目标内化法[2]

1.要求运动员在训练日记中写明全队的目标和个人的目标。

2.集体项目中，强调个人目标的实现取决于集体目标的实现。

3.个人项目中，强调个人目标的实现有助于集体目标的实现。

团体赛/集体项目要进行哪些不同于个人赛的准备?

团体赛和集体比赛不同于个人项目,主要体现在成员人数增加,有较明确的责任分工,有上场队员和替补队员等。

天才可以赢得一些比赛,团队合作才能赢得冠军。

——篮球运动员 迈克尔·乔丹[美国]

冠军说

中国男子短道速滑队:鼓励带给所有人最大的力量

在平昌冬奥会上拿到短道速滑500米金牌后,武大靖又与队友韩天宇、任子威、陈德全、许宏志一起拿到了男子5000米接力银牌。

武大靖夺冠时,正在候场准备5000米接力比赛的韩天宇大喊了一声:“还有谁!”连日来,众多比赛中的突发情况,让男队队员们心情

几近低落，然而压抑了许久的小伙子们终于在最后一天爆发。“这届奥运会各种困难我们都经历了，最后一天我们都憋着一口劲儿。赛前队友、教练一直在给我鼓励，让我别想太多。老师（李琰）也告诉我，别给任何人机会，”武大靖说，“这枚银牌是团队的胜利，我们每天都在相互鼓励、支持，今天我们已经做得很好了。”

健心房

团体赛中个人的赛前准备工作

面对团体赛，除了与个人赛一样需要制定明确的结果目标和过程目标以外，还需要进行一些特殊的准备：

1.所有团队成员，尤其是集体中的主力运动员和团体中担任上场任务的运动员，要服从教练员的指挥，理解教练员的技战术和出场安排是为了整个团队的胜利考虑，要避免团队内部的横向比较，将注意力集中在自身所担负的任务上。

2.替补或本轮次无比赛任务的运动员要积极配合教练组，做好有任务队员的协助、服务和鼓舞工作，同时要时刻保持身体健康和状态良好，为随时到来的上场任务做好准备。

3.由于涉及的人数较多，教练组要确保信息的通畅，对于行程安排和各具体事务要有明确的责任分工并保持联系方式的通畅，重要物品如比赛道具、音乐碟片、重要护具等要有多处备份，以避免由于出现安排上的失误而引起赛前不必要的紧张情绪，影响比赛。

集体项目团体凝聚力建设要遵循哪些原则?

1.熟悉每个位置应该承担的责任,相互尊重与欣赏;
2.每个队员了解和珍惜自己的角色;
3.运动队是自己的队,不只是教练的队;
4.以实现团体目标为荣;
5.队友和自己出现意外和失误是正常的;
6.总结成功的地方;
7.鼓励学习合作技巧。

单丝不成线,独木不成林。

——《后汉书·崔骃传》

艺术·人生

推荐图书:《击掌为盟》

作　　者:[美]肯·布兰佳
出 版 社:电子工业出版社
出版时间:2003.10

内容简介:本书讲述了伦艾·福斯特,一个在工作上独步天下的人,由于不善与人合作,惨遭解雇。正因如此,他才有机会带着五年级的儿子一同接受冰球的挑战。在参与到冰球教练团队后，艾伦主动接受团队合作，并教导队员学会团队协作，通过他的亲身经历揭示了成功团队必备的四个要素：目的性、技术、团队团结、保持积极氛围。

推荐理由：一个个体无论多强大，缺少了与他人协作的意识，也不可能有长足的发展。对于集体而言同样如此，能够使一个团队具有坚不可摧的凝聚力的唯一法宝就是团队精神。该书通过故事阐述，运用小说般的语言，使读者深刻理解团队合作的理念，以及团队合作所能发挥的巨大力量。对于运动员而言，这是一本让你深入了解团队内涵的必读经典之作。

名人名言

有效的沟通取决于沟通者对话题的充分掌握，而非措辞的甜美。

——企业家 葛洛夫[美国]

潮流不一样，但是有一点是一样的，都是拼搏的精神，这是和老女排完全相同的地方，都是依靠团队的力量，依靠集体的力量。

——排球运动员 冯坤[中国]

篮球作为一个团体是由许多小的、无私的和有奉献精神的个体组成的。

——篮球教练 迪安·史密斯[美国]

奉承我，我会不信任你；批评我，我会不喜欢你；忽视我，我会不原谅你；鼓励我，我会永远记住你。

——作家 威廉·阿瑟·沃德[美国]

参考文献

[1] David Myers.社会心理学（第8版）[M]. 侯玉波，乐国安，张智勇，译. 北京：人民邮电出版社，2006.

[2] 张力为.现代心理训练方法[M]. 北京:北京体育大学出版社，2003.

[3] 张力为，毛志雄.运动心理学[M].上海：华东师范大学出版社，2003.

主题十三

赛后恢复

谁不会休息，谁就不会工作。

——苏联缔造者 列宁［苏联］

为什么要进行赛后心理恢复？

一场激烈的比赛会给运动员留下深刻的印象。一般来说，不管成功与失败，运动员都会产生两种情绪体验。

如果取得了好成绩，为国家争了光，受到领导重视，媒体大力宣扬，亲朋好友的祝贺等，运动员会体验到满足感和优越感，迫切希望能够更进一步提高自己，自信心获得大大提升。但也有运动员可能会因此自觉不自觉地形成对自己的过高评价，忽视自身的不足，导致盲目自信，而对下一步的训练较少去思考。

当比赛失败后，有运动员能够照样保持信心，能够正确地分析成功和失败的原因，并认真总结经验，吸取教训，更加努力地进行训练，力争在后面的比赛中获得成功。也有运动

员感受到不满、气恼或不愉快,因此产生较低的自我评价,否定自己的一切,自信心极度降低,对训练和比赛没有兴趣,甚至会想到中断运动生涯。

目前,教练员和运动员基本以比赛的结束作为心理训练的结束。但实际上,比赛对心理产生的影响不会随着比赛结束而马上消失,而是以隐蔽的方式进行着激烈的活动,这种心理活动常伴随着较多的能量消耗,达到一定程度时,可能会造成消极的影响。赛后心理恢复是心理训练的重要内容,主要目的是使运动员尽快从兴奋状态恢复至平静状态,正确对待成功与失败,以合理归因的方式总结经验,将注意指向今后的训练和比赛。

故事会

思考也是一种恢复方法

曾有记者采访比尔·盖茨有关成功的秘诀,他语气坚定地回答:“今天的成功一是靠勤奋地工作,二是靠刻苦地思考。”诚如其所说,勤奋工作与刻苦思考相辅相成,刻苦思考可以避免工作的盲目,而勤奋的工作又会为思考提供源泉。一次有效的深入思考,胜过千百次鲁莽的行动。爱因斯坦曾说过:“要善于思考、思考、再思考,我就是靠这个方法成为科学家的。”一个善于思考的人,才是力大无边的人。是思考让他们成为行业的佼佼者,是思考让他们扬长避短不断前进。

思考不但是一条通往成功的捷径,也是一种恢复身心的方法。每当我们结束一天辛苦的工作,不妨停下来仔细思考这一天的经验抑或是教训,在收获中进步,在失败中成长,为第二天的工作设定目标，使每一天的工作都能充实高效。行成于思毁于随，让思考驱赶草率，让思考助力成长，让思考复原身心。

> 今后你还将经历不断的失败，那时你也会获得重振旗鼓的强大。
>
> ——日本漫画《哆啦A梦》

健心房

赛后心理恢复的常用方法有哪些？

经过一场比赛，运动员会有很大的体能和神经能量的消耗，心理恢复可关注以下几点。

1. 尊重个体差异：运动员每个人性格、经历不同，进行心理恢复的方法也有所差异，因此，应该尊重运动员的个人需要。有的运动员喜欢独自一人安静下来，教练员就可以给予运动员独处的时间。有的运动员喜欢与他人进行沟通与交流，教练员就应该给予更多的情感支持。

2. 给予客观评价：不管运动员比赛成绩如何，教练员不要盲目赞扬或责怪，而是应该给予客观的评价，让运动员能够正视各种问题，和教练员一起分析成败的原因。同时，帮助运动员树立信心，鼓励他们争取上进。

3. 进行心理放松：音乐能影响人的大脑和身体。比赛结束后，可以选取一些优美的音乐或自己喜欢的音乐，全身心地投入音乐之中，消除紧张的比赛留在大脑皮层的强痕迹。也可以组织或参加一些文体活动，如音乐会、郊游等。另外，想象放松的效果也不错，让运动员选择一个舒适的环境，处于安静状态，闭上眼睛，想象自己处于某种感到放松的环境之中。

小贴士

心理按摩[2]

心理按摩是通过言语暗示引起内部心理状态变化，达到机体松弛的作用。体育运动中的心理按摩，主要起放松作用，也有振奋心理活动状态、调节运动员情绪强度、改变运动机能水平等作用。

对紧张的现代人来说，是一剂特殊的“按摩”良方，它会让人们的心理和身体更健康。心理按摩包括幽默、音乐、绘画、观花、读书、想象、宽恕、自语等具体按摩技术。

实用包

竞赛失败应对量表[1]

竞赛失败应对是运动员对竞赛失败的压力及其所引起的情绪控制的认知和行为努力。应对方式是一种重要的赛后心理中介因素，竞赛失败的应对则是赛后心理调整中最重要的一环。正确的处理与失败有关的内外部因素，对运动员来说不仅是重要的赛后心理卫生问题，同时也将对未来的训练和比赛产生巨大的影响。

该量表由李伟、毛志雄（2004年）编制，分为容忍与失助性反应、情感求助宣泄、问题解决、回避与幻想四个维度，共24题，得分范围24~120分，某个分量表得分越高，表示该应对方式测试者越可能采用。

- 容忍与失助性反应、回避与幻想属于消极应对方式，运动员应引起注意并加以纠正；
- 情感求助宣泄、问题解决属于积极应对方式，应加以保持。

艺术·人生

推荐电影：《摔跤吧！爸爸》

导　　演：尼特什·提瓦瑞

主　　演：阿米尔·汗、法缇玛·萨那·纱卡

上映时间：2017.05

（扫码看电影，视频来源：腾讯视频）

电影简介：影片讲述了印度摔跤国手马哈维亚·辛格·珀尕，因生活所迫不得已放弃摔跤。本想将自己的摔跤事业在孩子身上延续，无奈造化弄人，他接连生了四个女儿。一次偶然的机会他发现了女儿身上的摔跤天赋，自此他开始教女儿练习摔跤，努力培养两个女儿成为世界级摔跤手，尽管其间有极大的困难，也发生了许多趣事，最终大女儿成为英联邦摔跤比赛冠军。

推荐理由：《摔跤吧！爸爸》根据印度摔跤运动员真人真事改编，讲述了曾经的摔跤冠军辛格打破印度传统，培养几个女儿成为女子摔跤冠军的励志故事。影片中“爸爸教练”在女儿吉塔连续多次在世界大赛首轮遭遇淘汰后，用博大的胸怀给予女儿最温暖的依靠、坚定的

支持，用实际行动帮助女儿恢复自信，找回昔日状态。影片中“爸爸教练”对女儿的心理支持与疏导，值得教练员、运动员学习和深思。

名人名言

自满、自高自大和轻信，是人生的三大暗礁。

——作家 巴尔扎克[法国]

一个人知道了自己的短处，能够改过自新，就是有福的。

——作家 莎士比亚[英国]

尽可能少犯错误，这是人的准则；不犯错误，那是天使的梦想。尘世上的一切都是免不了错误的。错误犹如一种地心吸力。

——作家 雨果[法国]

参考文献

[1] 张力为，毛志雄. 体育科学常用心理量表评定手册[M]. 北京：北京体育大学出版社，2004.

[2] 张忠秋，马红宇，等. 心理咨询与心理调控手册[M]. 北京：北京体育大学出版社，2012.

附录一 电影、图书推荐

主题一 动机	推荐图书： 《我是冠军》	作者：吕保军	
	推荐在线课程： 运动活动的动机	作者：运动心理学课程团队	
主题二 自信	推荐电影： 《卡特教练》	主演：萨缪尔·杰克逊、罗伯·布朗、瑞克·冈萨雷斯	
	推荐在线课程： 运动员心理素质培养	作者：谷丽颖	
主题三 情绪控制	推荐图书： 《如何控制负面情绪》	作者：约翰·A. 辛德勒	
	推荐在线课程： 焦虑与运动表现	作者：运动心理学课程团队	
主题四 逆境应对	推荐电影： 《挑战者姚明》	主演：姚明、查尔斯·巴克利、卡蒂诺·莫布里	
主题五 压力应对	推荐图书： 《越压越有力》	作者：李宏飞	
主题六 心理疲劳	推荐图书： 《累从何来——别把心理疲劳不当回事》	作者：晓光	
主题七 注意控制	推荐图书： 《平凡的世界》	作者：路遥	
	推荐在线课程：运动活动的注意状态	作者：运动心理学课程团队	

续表

主题八 自我控制	推荐电影： 《当幸福来敲门》	主演：威尔 · 史密斯、贾登 · 史密斯、桑迪 · 牛顿	
主题九 心理准备	推荐图书： 《心态好一切都好》	作者：舒雅 鲁吟	
	推荐在线课程： 比赛的心理准备与心理调节问题	作者：运动心理学课程团队	
主题十 比赛定位	推荐电影： 《洛奇》系列电影	主演：西尔维斯特 · 史泰龙、塔莉娅 · 夏尔	
主题十一 适应能力	推荐图书： 《适应力》	作者：张旭	
主题十二 团队凝聚力	推荐图书： 《击掌为盟》	作者：［美］肯 · 布兰佳	
	推荐在线课程： 性格密码与生涯秘钥	作者：谷丽颖	
主题十三 赛后恢复	推荐电影： 《摔跤吧！爸爸》	主演：阿米尔 · 汗、法缇玛 · 萨那 · 纱卡	

注：电影及课程视频可扫描二维码观看。

附录二 运动员常用心理量表

简要说明

第一，运动员心理特征及心理状态的测验，不仅仅可以选择心理量表这种自我报告的形式，还可以选择采用仪器进行的测量方法。神经心理的测试方法如功能核磁共振、事件相关电位；生理的测试方法如皮点、肢端血容、心率；行为的测试方法如眼动、反应时、闪光融合频率；内隐认知的测试方法如内隐联想测验，等等。

第二，所有心理测验，包括自我报告的测验、仪器的测验，均需要由心理学专业人员操作实施、进行数据分析并对测验结果进行解释反馈。

常用心理评定量表（10 个）

专题	测验名称	测试的核心内容	题量	编制者
1 运动动机	成就倾向个体差异测试表	追求成功动机与避免失败动机	38	Mehrabian 等，1968
	社会取向与个我取向运动成就动机量表	社会取向与个我取向	60	姒刚彦等，2003
2 意志	运动员意志品质量表	4 个维度的意志品质：自觉性、独立性、果断性，坚韧性	36	李佑发，2007
3 情绪	简式心境状态量表	7 个维度的心境状态：紧张、愤怒、疲劳、抑郁和慌乱 5 个消极情绪维度和精力、自尊感 2 个积极情绪维度	40	祝蓓里，1995

续表

专题	测验名称	测试的核心内容	题量	编制者
	赛前情绪量表	4个维度的赛前情绪：自信、躯体焦虑、个人失败焦虑和社会期待焦虑	64	张力为，2000
4 自信	运动自信量表	运动特质自信与运动状态自信	26	Vealey等，1986
5 心理技能	运动表象问卷	5个维度的运动表象：动机性具体表象、动机性整体唤醒表象、动机性整体掌控表象、认知性具体表象以及认知性整体表象	30	Hall等，1998
	中国运动员应对量表	4个维度的应对方式：集中解决问题的应对、集中处理情绪的应对、回避应对，超越应对	24	钟伯光等，2004
6 训练状态	运动员心理疲劳问卷	3个维度的心理疲劳程度：成就感的降低、情绪/体力耗竭、对运动的消极评价	15	Raedeke等，2001
7 凝聚力	群体环境问卷	4个维度的团队凝聚力：群体社交吸引力、群体任务吸引力、群体社交一致性、群体任务一致性	15	Carron等，1985

说明：上述量表及评分方法可参见：张力为，毛志雄. 体育科学常用心理量表评定手册（第二版）[M]. 北京：北京体育大学出版社，2009.